後浪出版公司

麦肯锡教我的写作武器

論理表現力

［日］高杉尚孝／著
郑舜珑／译

廣東旅游出版社
GUANGDONG TRAVEL & TOURISM PRESS

中国·广州

目 录

会用逻辑，你的故事就会精彩　1

本书架构　一流人才必备的表现力　5

第1章　信　息　001

1.1　如何理解信息　004
用对信息，就能写出一流文章　004
"明了表现"主语与谓语的关系，才是信息　005

1.2　信息分三种　007
记述、评价、规范信息，你得会灵活运用　007
区分信息，只看"字面意思"　008
辨别信息种类，不等于辨别内容正确性　009

1.3　记述信息　010
描述事物的情况和现象本身　010

1.4　评价信息　011
表达某一情况或现象的好坏　011

我说"记述"信息，让你以为在"评价"　012
测量结果并非评价，却有暗示效果　013
利用评价条目和标准，让你自动做出好评价　014

1.5　规范信息　015
事物应有的状态以及人该采取的行动　015
运用评价信息，对大家产生规范效果　016
心存"行动原理"的默契，让对方听话就范　017
滥用"必要"和"不可或缺"，大家没感觉　019
建议"应该……"时不要贸然失礼　020
复合式信息，怎么抓重点？　022

1.6　活用各种类型信息　023
当别人说"听不懂"时你可以这样解答　023
我知道你说什么，但还是一头雾水，怎么办？　024
最好在结尾处传达出规范信息　025
促使对方行动，你可以故意不传达规范信息　026
只传达记述信息，更委婉　027

1.7　文章的"主题"是什么？　028
主题不是信息，但同样重要　028
用"主题"标示"信息"的范围　029
尽量别把主题写成一个句子　030
讲了一堆信息，你会推理出主题吗？　031
主题切忌"太扯"，相关信息量要足够多　032
用"时间"替主题定调，增加吸引力　034

主题定调时，你希望给人哪种印象？ 035
主题性质跟信息种类要一致 036

你可以自己演练 037

第2章　写出流畅有力的文案　041

商务写作先表现意识，再呈现意境 043
有意识的模糊也能清楚表达 044
操作三种变量，让信息更明了 045

2.1　善用主语，影响别人思考　045

请使用主语与谓语关系明了的句子 045
说话没主语，别怪别人不懂你的意思 046
让对方自行推断主语很不保险 047
为什么我们常常忘了用主语？ 048
想要刺激思考，用及物动词就对了 050
要对方别想、照办，你就用不及物动词 052
刺激自己思考，不刺激他思考？ 053
哪个才是真正的主语 055
想吃面的是"今天"，不是"我"？ 057
逻辑：将没意识到的思考方式意识化 058
语言就是思考的工具 059
视情况，主语有时应刻意省略 060
这种句子，让人喘不上气 061

连来两个主语，让人困惑 063

2.2 文章一气呵成，就是逻辑思考 065
小看连接词，思考就成了一团糨糊 065
状况一：你想"追加"说明，还是"归结"因果？ 068
状况二：你想"追加"说明，还是强调"手段"？ 069
广告文案这样润饰后才有力 070
重点都写了，但为何读不下去？ 075
模糊衔接害人脑筋不转弯 076
连接词是文章"通顺"的灵魂 076
逻辑衔接，减轻接收者的负担 077
不动脑袋写出的文章，你看得出来 079
看报纸就可以练习逻辑思考 080
检查完语句衔接，再重新检视全文的脉络 083

2.3 用字具体，表现负责的态度 084
商业写作，别把解释的责任丢给读者 084
"活性化""多样化"既圆滑又闪躲 085
"赶快调整库存"这句话传达了什么 086
"××性""××力"，滥用让人没性又没力 087
具体表现可以惊心，可以动情 088
委婉语法难以提醒"不长眼"的人 090
委婉语法容易招来误会（和趣味） 091

2.4 分段：表达多个信息的窍门 092
段落可以随性，分段不可随性 092

分段：更加严格定义的"段落"　093

　　分段就是以完整区块传达单一信息　095

你可以自己演练　097

第3章　你的思想如何以精彩文案呈现　103

3.1　金字塔结构：逻辑思考的核心技巧　105

　　商务文案必须结构完整　105

　　金字塔结构：一件事情要想到三层　106

　　金字塔分两种：并列型和直列型　107

　　用金字塔结构来表达的好处　107

　　专业的沟通：先确认双方主题在同一层次　109

3.2　信息的设计：我要表现什么？用哪种表现技巧？　110

　　信息设计的模式：自下而上、自上而下　110

　　自下而上法：将信息分群组　110

　　先给主题命名，再将信息分组　111

　　自下而上，导出信息：结论法和摘要法　112

　　下结论：将信息划分群组后，"因此……"　113

　　根据可见范围内的信息下结论　115

　　搞清楚老板要你做假设还是做结论　117

　　含糊带过的结论小心被行家揭穿　118

　　逻辑思考也欢迎做假设　119

　　你得能区分做假设还是下结论　120

最终结论应避免跳跃感　121

3.3　用什么信息做什么推论　123

"记述信息"如何推论：因果法和实证法　124

根据评价条目和评价标准，做出"评价信息"的推论　125

"规范信息"的背后一定藏有行动原理　125

3.4　摘要法：把"多个"具体信息整理为"一个"抽象信息　126

信息这么多，你得一句话抓住全部　127

抽象思考的摘要，不是删除而是萃取　128

抽象化是脑力工作者必备的思考技术　129

通常你得先抽象，再推论　130

接着你得学会先推论，再抽象　132

3.5　抽象化，化繁为简的技巧　133

适度抽象表现，反而促进具体理解　133

太具体和太抽象都很难懂　134

抽象化并非"连锁想象"　135

"部分抽取"不算抽象化　136

"一言以蔽之"，才是抽象化　137

日本经济很发达，但没有经济学　138

什么推论法就决定什么金字塔　139

3.6　自上而下法　142

自上而下法：将信息加以分解　142

自上而下，拆开解析：理由法和详述法　143

详述法：告诉别人如何做　144

用自上而下法验证自下而上法　145

自上而下、自下而上，经常同时进行　146

3.7 主题金字塔，解析的利器　147

把三层主题架构成金字塔　147

每一层的主题都具体，逻辑就清楚　148

好的商务文案，同时包含主题和信息　151

主要主题只能有一个（好吧，最多两个）　152

关键主题最好三个，最多七个　153

关键主题最少三个　154

五个也可以，最好是质数　155

3.8 MECE的技巧，意义在于"思虑周延"　156

MECE：不重叠、不遗漏　156

想不出自己的MECE架构，先用现成的　158

养成MECE的习惯　159

些微重复无妨，切勿遗漏　160

设定"其他"为主题，可预防遗漏出错　161

整理"其他"案例，你就不会遗漏　162

独到见解通常藏在"其他"类当中　164

文案不是烧肉，"霜降"是大忌　165

先构思好主题金字塔，就容易设计信息　166

你可以自己演练　167

第4章　解决问题的基本能力　173

4.1　解决问题的步骤　175
商务文案的展开就是解决问题的过程　175
解决问题的一般步骤　176

4.2　第一步：发现问题　177
"问题"，就是现状与期望之间有落差　177
问题分三种："恢复原状""预防隐患""追求理想"　178
一个问题常会包含多种类型　180
展开故事前，要先意识到问题类型　182
能够解决对方的问题才是好提案　183
厘清问题类型，做出切题提案　184
别让恢复原状成了找替罪羊　185
你的理想可能是我的隐患　185

4.3　第二步：设定具体的课题　186
不是所有的商务写作都是"提案型"　186
如何立刻掌握课题范围　187
针对"恢复原状"，核心课题是"掌握状况"　189
"预防隐患"时，核心课题是"诱因分析"和"预防策略"　190
"追求理想"时，核心课题是"选定理想"和"实施策略"　191

4.4　第三步：确定课题后，要列举替代方案　191
三类问题各有相应的替代方案　191
用头脑风暴法构思替代方案　192

4.5 第四步：评价各替代方案　194

　　根据必要条目和优先条目来评价　194

　　替代方案不能只评估好处，风险也要评估　195

4.6 第五步：实施解决策略　195

　　如果问题太简单，公司就不需要你了　195

　　不管什么策略，实行不外乎五步骤　196

　　"动脑的"别忘了和"动手的"沟通　197

　　学会高杉法，局面立刻扭转　198

你可以自己演练　200

第5章　有说服力的故事如何展开　207

5.1 故事的本质　209

　　有逻辑的故事就是"关键层级"环环相扣　209

　　连接词，将你的故事情节变紧凑精彩　210

5.2 用SCQOR铺陈　212

　　故事展开的基本流程为S→C→Q→O→R　212

5.3 SITUATION（设定状况）　216

　　先介绍主角　216

　　然后叙述持续至今的稳定状况　216

　　要设定好故事的涵盖范围　219

　　一开场的状况描述要勾起认同感　220

5.4 COMPLICATION（发现问题）221
　　颠覆现状，但让对方起共鸣 221
　　打破开场时给对方的安定感 223

5.5 QUESTION（设定课题）225
　　你能马上看出该解决的课题是什么吗？ 225
　　思考周全，以免当场被考倒 227
　　故事的导入部分"SCQ"务必紧凑 228

5.6 OBSTACLE & RESOLUTION（克服障碍和解决、收尾）229
　　"OR"找回失去的安定感 229

5.7 故事的核心部分如何展开？ 231
　　"Q"决定了"O→R"的故事铺陈方式 231
　　"恢复原状型"问题，故事要提到"说明状况" 232
　　故事的精彩之处就是解决问题的过程 232
　　应对策略要聚焦，切忌什么方法都提出 233
　　不需要写入所有的对策，除非是报告书 234
　　"预防隐患"的故事，一定要分析诱发原因 234
　　给对方三个选择条目，太多反而显得你糊涂 235
　　"追求理想"的故事，一定要说出实施策略 236
　　故事收尾要简洁有力，未必要有大结局 237

5.8 SCQOR的实例 238
　　开场紧凑，过程精彩，结尾简洁有力 238
　　有主题、有标题、有摘要式的故事展开 245

第6章 金字塔结构如何转成报告和简报 249

6.1 用金字塔结构当设计图 251

    讲故事，要先想好架构 251

    先写出"主题"金字塔 252

    填入"信息"，建成上半层金字塔 253

    建成完整版金字塔 254

6.2 金字塔如何写成"报告"？ 255

    内容很长，就将主要摘要放在前面 255

    万一写得太长了，怎么删？ 258

    "标题"要犀利，主题可以省略 258

    标题别凭空而出，正文中也要提到 259

6.3 简报，怎么用金字塔结构呈现？ 260

    构成简报的基本要素仍然在金字塔结构之中 260

    每一页都只放三项信息 260

    页面的顶端放"标题" 261

    每一页都设定一个主题 262

    并列型支持信息使用"追加"连接词 263

    直列型则使用"追加"以外的连接词 263

    简报封面：第×页，标出主要主题 264

    摘要页面：先"一口气"讲完整个故事 265

    关键信息页面：逐条列出整个内容 266

    一开始就重复，好处多多 267

以次要信息支持关键信息　268

最后以摘要页面收尾　269

第7章　文案的高明说服技巧　273

7.1　信息传达，自上而下效果最好　275

商务文案，一开始就讲重点　275

"商用"故事的说明顺序 RSCQOR　276

自上而下，先说结论让对方安心　277

自上而下，借用对方的思考能力　278

自下而上，勾起的是敌意而非兴趣　278

自下而上，难怪大家看资料不理你　279

别让听众一路猜结论　280

慢慢导入结论害你无暇捍卫自己的观点　280

不想让人惊吓过度就自下而上说明　282

7.2　问题有三大类，怎样的提案让客户愿意掏钱？　282

高价商品或服务怎么销售？想想"预防隐患"　282

没有顾客愿意花大钱只为"恢复原状"　283

你想帮他"追求理想"，结果他把你延后处理　284

效益大、情况急、潜在问题值得花大钱　284

教我赚一百万，不如教我怎么不赔一百万　285

预防问题之后追加追求理想，效果更好　287

公司高层只想"追求理想"，别跟他维持现状　287

别固执于你的认知，对方的认知才是重点 288

7.3 风险只能管理不能避免 289

解决方案必须提及风险 289

"万一……怎么办？"的疑问不可闪躲 290

可以回避的就不叫风险了 291

对方容许的风险范围才是重点，你做保证没用 292

损失金额与发生概率决定是否承担风险 293

承担风险时，只看金额、别管概率 294

什么时候可以不提风险 295

7.4 替代方案该给几个？提出顺序有学问 296

单一选择就是没得选 296

给出替代方案，以三个为原则 296

第一个方案，会产生锚定效应 297

第一印象，通常也是永远的印象 298

一般人喜欢中庸，请给他中间选项 300

7.5 规范信息如何提高说服力 301

和他的命题一致才可能说服他 301

规范命题：人在无意识中的行动依据 302

善用规范命题，不下命令也能改变行为 303

对方无意识，你得意识化 305

强调实利命题，人人都吃这一套 306

强调伦理命题，但是别讨人情 307

伦理和实利，软硬兼施 308

13

老板的实利就是员工的伦理　310

组织成员无意识中遵守的行动规范　311

7.6　描述信息一样有说服力　313

说因果、举实证，描述现象变成规范行为　313

评价命题：大家都认定的标准　315

用错评价命题，说破了嘴也不动心　316

用对评价命题，一句话就让人心动　319

用因果与实证来推论时，想象不宜太跳跃　320

出版后记　323

会用逻辑，你的故事就会精彩

用有逻辑的故事表达想法，说服大家

这是一本让你学会逻辑思考方法并提高写作能力的工具书，目标是提升你的文案写作技巧，帮你写出一篇兼具逻辑思考和明确表达的文章或报告。"逻辑表现力"是所有工作业务的基础，堪称上班族必备的"操作系统"（OS），学会这套方法对你的职业生涯会有巨大帮助。

本书的内容，对初学者来说简明易懂，高手看后回味无穷。全书在编排上除有教科书的系统性之外，也非常重视实际应用的案例；里面还包含许多与思考和表达有关的"关键技巧"，其他有关逻辑思考的书籍几乎没有讨论过这一块。

我听过MECE，所以呢？

大家都知道，执行工作任务时，逻辑思考能力非常重要。事实上，有很多书籍都在讲"逻辑思考"。这些书多半在介绍金字塔结构①或者介绍MECE②的统合方法。并且，有的书会介绍各种应用金字塔结构和MECE来分析问题的架构。确实，这些方法对于整理事物或是将事物结构化非常有帮助，学好它们会让你获益良多。

可是，只靠MECE这类分析架构，未必能让你自动养成逻辑思考能力，也无法提升你解决问题的能力，更别说对你撰写报告或做简报的文案能力会有任何实际的帮助。

教你"用得着的"逻辑技巧

本书介绍的"关键技巧"非常重要，其他的书几乎都没提到，或是仅粗浅地介绍过，而这些技巧多半是你展现思考能力和表达能力时的必备技巧。具体来说，这些技巧包括区分信息种类的要领、下结论的方法、如何抽象化、如何在句子中用逻辑接续语③来表达完整意思、如何运用具有我个人特色的高杉

---

① 意指金字塔原理（Pyramid Principles），顶点为结论，下面一层一层堆砌的条目则是支撑结论的方法或证据。——译者
② Mutually Exclusive Collectively Exhaustive 的缩写，念成 me-see，意指相互独立，毫无遗漏。这是麦肯锡提出的分析问题方法，原则是把整个问题细分为各个条目，然后检查每一条目是否做到不重叠、不遗漏。——译者
③ 日文的接续语，就是中文的转折连接词或介词，只是在日文里，接续语依附在动词变化或形容词变化后面，通常有多种解释，必须依赖上下文推断，不像中文的连接词意思那么明确。——译者
以下"接续语"皆称为"连接词"，较符合中文常用说法。——编者

法[①]（TH法）来发现问题与设定课题、如何用SCQOR故事展开法来铺陈故事以及落实格式的方法等等，你可以从中获得许多启发。

唯有准确理解并学会应用这些技巧，你的"逻辑表现"才真的称得上是"用得着的"逻辑思考。

提升写作技巧，增强逻辑性

基于这个观点，本书从理解逻辑表现力的原点，也就是"信息"这个概念开始谈起。重点放在如何清楚地表达，让大家通过学习写作技巧，自然而然地学会逻辑思考。

具备这些基础知识之后，我们再学习如何设计文案的架构，并从中学习结论法、抽象化、题目设定等技巧。在后半部分的实践篇里，我们还会学到高杉法的问题解决型故事展开法，以及许多增加说服力的小技巧。

另外，为了确认各位的理解程度，在前4章的每一章最后都附有练习题，请大家挑战看看，一定会有新的收获。

[①] 即高杉尚孝（Takasugi Hisataka）法，缩写为TH法，是我设计出来的解决问题分析架构，可以用来将问题类型化，并借此有效率地发现问题及设定课题。

本书架构　一流人才必备的表现力

本书分成基础篇和实践篇两部分。第1章至第3章属于基础篇，让大家先打好逻辑表现力的基础；第4章至第7章则为实践篇，以问题解决型故事展开法为中心，培养大家实际应用逻辑表现力的能力。

在第1章中，我们学习逻辑表现力的基本概念，包括信息、主题、分段。尤其是信息，想要设计出优秀的文案作品，必须对信息有很深的理解。信息可分成记述型、评价型、规范型三类。你一定可以从第1章获得许多新的发现。

在第2章中，我们学习如何清楚地表达信息。从主语、连接词、具体性这三个层面来学习表达的技巧。不论是传达哪一种信息，最重要的是能够清楚地表现主题。如果你传达得足够清楚明白，除了能让你的信息更有逻辑之外，还能提升信息的说服力。

接着，我们以前面学到的信息种类与表达方法为基础，在第3章中学习如何设计信息。除了要学会设计个别的信息之外，还要能设计整份文案。其中，包括金字塔结构、结论法、推论、摘要法、抽象化、主题设定等诸多思考表达技巧，我们都将逐一学到。

学完了基础篇的思考表达技巧之后，我们将在第4章中学习问题的解决过程，这是第5章要学的故事展开方法的准备工作。本章的学习重点在于，如何运用高杉法发现各种类型的问题并设定课题来展开故事。

在第5章中，我们会以从第4章学到的问题类型及其个别的课题为基础，来学习故事展开的方法，这对于制作文案非常实用。具体而言，我们将学到适用于解决各种类型问题的故事展开法，它是融合SCQOR故事展开法与问题解决过程而构成的。

在第6章中，我们要学习如何把金字塔结构和问题解决型故事展开法落实在特定的格式里。我将举出商务文案的两种代表格式——报告、简报——来做说明。

除前面学到的逻辑表现之外，第7章还会介绍各种更能提升说服力的技巧。具体而言，包括自上而下法、问题类型与提案的调整、风险管理、替代方案的数量与提出顺序以及传达信息时的命题意识化等等。

第1章

信 息

我未必这么说，但能使你这么做

- 如何理解信息
- 信息分三种
- 记述信息
- 评价信息
- 规范信息
- 活用各种类型信息
- 文章的"主题"是什么？
- 你可以自己演练

在第1章中，我们将学习逻辑表现力的基本概念，也就是"信息"。如果我们对信息有很深的理解，就可以设计出优秀的文案，所以必须好好学习。同时，我们还要学习"主题"和"分段"，你一定可以从中收获许多。

报告很详尽,为什么还被臭骂?

主管:山田,×公司最近的业绩如何?

山田:是……×公司最近一季的销售额为220亿日元,营业收益为5亿日元。自由现金流量(Free Cash Flow)为87亿日元。昨天股票的收盘价为每股358日元。

主管:噢,所以呢……

山田:啊!是……好像还有特别损失的部分,再扣除税之后,利益为2亿日元。利息支出大概是1千万日元左右。

主管:所以呢?

山田:啊!还有……该公司利息收入为200万日元。销售成本是……

主管:我是问你"他们的业绩怎么样?好还是不好?"

山田:噢!是……似乎回升了不少。

主管:好啦,有上升就是了,我知道了……

山田为了回答主管的问题，拼命地传达信息，可是主管却大发脾气。

问题在于，主管想知道的"×公司最近的业绩"与山田提供的信息根本就不是同一类。追根究底，主管要的是"评价"信息，可是山田却不断传达"记述"信息。也就是说，主管期望得到的信息种类与山田提供的完全不同。如果山田能事先理解信息有哪些种类，就可以避免白费功夫、白挨骂。

1.1　如何理解信息

用对信息，就能写出一流文章

在本书里，你随处可以看到我使用**信息**这个词。信息是制作文案必要的"零件"。

"信息"这个词，通常会出现在送别会时同事轮流签名的卡片上，或者结婚典礼时亲友所写的留言本和签名簿上，是当事人怀着感情写下的东西。可是，本书所说的信息并不一定要包含感情。例如，"这个宝特瓶[①]的容量为500毫升"，这样冰

[①] 即PET瓶，一种常见的饮料容器，原料为聚对苯二甲酸乙二酯（Polyethylene Tereph-Thalate），简称为PET。——编者

冷的描述也是一种信息;"这把椅子非常有设计感"也是一种信息,属于评价信息;当然,"本公司必会倾全力超越其他公司,尽快开发出××控制装置"这种满腔热血的提案也是一种信息。

在逻辑表现力的领域中,只要是构成商务文案的所有文章,都可以视为信息。也就是说,只要文句中清楚地标示出主语、述词[①],而且这些文句都是构成某篇文案的零件,就都可以算是信息。**换句话说,大家可以把写作(商务文案或一般文章)当成在组合信息零件。**

因此,明确地了解信息意图非常重要。就像如果你要画画,你必须对画笔、颜料、画布有相当的认识;如果你要做菜,就得非常熟悉食材和厨具,不然的话,你永远只能煮出大杂烩。

"明了表现"主语与谓语的关系,才是信息

借由主语与谓语的关系而形成的意思表现(即句子),全部都算是信息。信息是构成商务文案的零件。在整份文案当中,信息还会被划分层级,也就是说,以文案的结构而言,信息可分为上

[①] 日语的述词包含动词、形容词等,用来表示主语的动作或状态。——译者
以下"述词"皆称为"谓语",较符合中文常用说法。——编者

层信息和下层信息。例如一份关于交涉的文案，其**最终结论**想传达的信息是"希望这次交涉能提高自己与对方的满意度"，那么这个信息就是**上层信息**。

假使这份文案还分成好几个章节，那么每一章节都有它想传达的信息。比如其中某一章想传达的信息是"能产生结果的交涉，有五项基本原则"，那么这个信息就比刚才提到的上层信息要低一个层级。

又假如每一章是由几个分段构成，那么每一个分段应该都有它要传递的信息，例如其中一个分段的信息为"专心聆听交涉对象说话，才能了解对方真正要表达的东西"。

接下来，假设每个分段又由好几篇短文构成，那么这几篇短文的信息又比分段的信息更低一层级。比如其中一篇短文的信息为"所谓的'专心聆听对方说话'，是指一种积极的过程，也就是深入了解对方的目的、关心的事物或价值观，然后在自己的心中产生正确的认知"。

一份文案的信息，在结构上可以区分不同层级。关于信息层级的讨论，我们后面会再谈到金字塔结构，而这二者的概念是相通的。

1.2 信息分三种

记述、评价、规范信息，你得会灵活运用

想要更深一层了解一篇文案的构成成分，最好能先辨识出信息的"种类"。以种类来说，信息大致可以区分成两大类："描述"和"规范"。用英语来说，就是"what is"和"what should be"这两类。

描述性的信息是表示事物的状态。相对地，规范性的信息则是表示事物应有的状态，或者人应该采取怎么样的行动，就如同医院处方。描述性的信息还可以再分为"记述"信息和"评价"信息，而规范信息则只有它自身这一种。

于是，信息的种类实质上可以分为以下三种：**记述、评价、规范**。几乎所有的商务文案都是由这三种信息组合而成。顺带一提，前面提到的例子：

"这个宝特瓶的容量为500毫升"为**记述**信息。（平铺直叙）

"这把椅子非常有设计感"为**评价**信息。（有形容词）

"本公司必会**倾全力超越**其他公司，**尽快开发出**××控制装置"为**规范**信息。（有动词）

这三种信息是构成商务文案的基本素材，请务必学会如何辨识，这是逻辑表现力的基础（图1-1）。

图 1-1　信息的种类

信息可以概分为"描述"和"规范"。实际上，包括"记述""评价""规范"这三种。

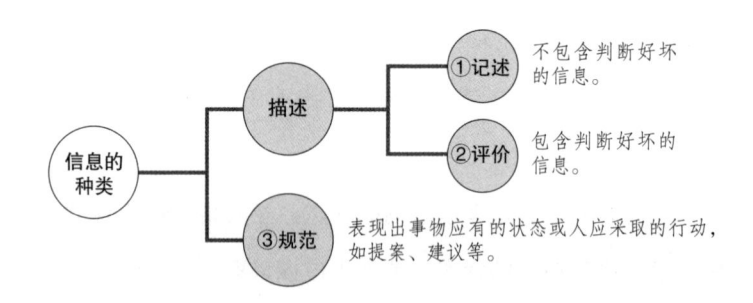

- 信息的种类
  - 描述
    - ①记述：不包含判断好坏的信息。
    - ②评价：包含判断好坏的信息。
  - ③规范：表现出事物应有的状态或人应采取的行动，如提案、建议等。

区分信息，只看"字面意思"

在学习判定信息的种类时，最好排除传递者的意图和接收者的理解。本书所说的信息种类，是指该信息"完全以文字信息表示"时的类型。所以，不管传递者的意图是什么，接收者会做什么样的理解，都要先放在一边，我们**只处理信息本身传达出的文字含义，区分该信息究竟属于哪一类**。

当然，严格地说，不管我们再怎么割裂传递者和接收者与信息之间的关系，都不可能完全割断。毕竟，如果没有传递者，根本不会有信息产生；如果没有接收者，被传递的信息也无法被解读。但是，我们可以做的是，先排除传递者特别加上的意义或是接收者固有的理解，单纯地解析信息本身（也就是不因为说话者是谁而决定信息的意义是什么）。

接着，我们再进一步分别解释传递者的意图和接收者的理解。这几个步骤有利于我们掌握传递信息的方法，并增强信息的说服力。

辨别信息种类，不等于辨别内容正确性

接着，我将进一步说明记述信息、评价信息及规范信息。开始之前，我要提醒大家一件事，那就是信息的"种类"与"内容的正确度"是两回事。也就是说，我们要讨论的是如何理解并判断信息的种类，并非信息内容是否正确或者有无充分的证据。**谈论"信息的种类"，并不是在讨论这则信息记述的内容正不正确、评价的内容正不正确或者规范的内容正不正确。**

当然，信息内容正确与否，确实是很重要的课题。可是，在区分信息种类时，请大家先把它当成另一个问题，从别的途径来判断其正确性。这里，我们要先学会辨别所接触到的信息究竟属于哪个种类。

1.3　记述信息

描述事物的情况和现象本身

首先是记述信息，它描述了事物的情况和现象本身。前面提到的"这个宝特瓶的容量为500毫升"，就是记述信息（宝特瓶就是现象本身，情况则是500毫升）。**先不管传递者传达这句话时的意图或暗示**，他就是在表达这个宝特瓶的容量为500毫升。当然，有人会认为它的容量没有500毫升，但是这句话本身没有说宝特瓶好或不好、高级或低级，这就是描述性的信息。

"东京铁塔高333米"，"A公司共有5000名员工"，都是记述信息，同时也都在描述一个现象。

"现在正在下雨"，也是现象的描述，所以是记述信息。

"新西兰的首都是惠灵顿"，一样是记述信息。

但是，如同前面说的，我们现在谈论的是如何分辨信息的种类，描述的内容是否正确则另当别论。假设对方传达的某则信息没有任何证据，仅仅只是传递者单方面的认知，或者内容真的有误，但我们在判断这则信息的种类时，仍然可以将之归类为记述信息。所以，尽管"美国的首都是纽约"这句话有误，但它仍是记述信息。

另外，记述信息的论证方法有两种：因果论证法，实证论证法。我将在第3章和第7章中详加说明。

1.4 评价信息

表达某一情况或现象的好坏

跟记述信息相反，评价信息表现出的是情况或现象的好坏。例如：

这个宝特瓶**真漂亮**。
东京铁塔是一座**美丽的高塔**。
T公司为**优良企业**。

这些都属于评价信息，都强调表现出"好"的意思。当然，也有信息表现出"坏"的意思。再看下面几个信息：

这个宝特瓶因为很耐用，所以是好的宝特瓶。
东京铁塔的设计感很棒。
从企业的社会责任角度来看，T公司是家优良企业。

这些都是评价性很强的信息，每一则都**包含了某种好坏的判断**。但是，耐用、设计感、社会责任等，都是传递者针对被评价对象的某个方面所做出的评价，就被评价对象本身来说，这个观点的说服力较薄弱。

我说"记述"信息，让你以为在"评价"

　　那么，"这个宝特瓶的**耐用度高**"这句话呢？

　　拿这句话跟"这个宝特瓶**很耐用**"比较起来，"耐用度高"为记述信息。为什么呢？因为"耐用度高"这个用语本身并没有清楚包含好坏的判断。不过麻烦在于，当你说它"耐用度高"时，信息接收者常常会理解为：它比"耐用度低"的宝特瓶要"好"。

　　但是，如果这个宝特瓶是待掩埋的废弃物，解读便完全相反了，因为"耐用度高"的宝特瓶较难分解，所以反而是"耐用度低"的宝特瓶比较"好"。换句话说，"耐用度高"并非在所有条件下都是"好"的，因此"这个宝特瓶的耐用度高"属于记述信息。

　　同样，"东京铁塔的设计感**很棒**"这句话中，传递者已经表示出对于设计感优劣的判断，所以是评价信息。

　　不过，如果是"东京铁塔具有**高度**的设计感"这句话，就属于记述信息了。只不过，在某种默契之下，这句话一样容易被接收者解读为：因为有高度设计感，所以"好"。可是，就信息本身而言，它是属于记述性的。因此，我们要先排除传递者的意图与接收者的理解，再来判断信息。

测量结果并非评价，却有暗示效果

诚如各位所理解的，评价信息会清楚地表现出被评价事物的优劣或好坏。不过，在非专业的、日常生活的场合里，你会发现有些句子明明没有带入优劣好坏的判断，却表达出"评价"的意思。例如，某家企业的员工将测量某种机械的效能数据传达出评价的意图（如这部引擎的功率有250马力）。

然而，在展现逻辑表现力时，纯粹的测量工作并不能称为评价。虽然把测量出来的数值跟某一基准值做比较确实可以判断出机械的优劣，但是，**最好不要把测量本身（即记述信息）和评价混在一起**。因此，"这部引擎的功率有250马力"这句话，本身就是记述信息。如果你加上"所以是一部性能很好的引擎"，它才算是评价信息。

利用评价条目和标准，让你自动做出好评价

接下来，我们将记述信息与评价信息的传递方式，加上传递者的意图与接收者的理解，来进行考察。如同前面对于"很高"和"很棒"的探讨，我们经常会在不知不觉中就把记述信息读取成评价信息，或者反过来，认为自己传递的是评价信息，结果却是记述信息。在这种情况里，记述与评价之间存在着连接二者的**评价条目**与**评价标准**。如果把记述信息当作"根据"，把评价信息当作"结论"，那么其中就会出现把根据与结论连接起来的**评价条目**与**评价标准**。

假设我们把前面提过的一则记述信息"这部引擎的功率有250马力"，解读为有评价意味的信息"这是一部很棒的引擎"，那么这其中存在着**根植于我们内心价值观中的评价条目**"引擎性能的好坏由功率决定"，以及**评价标准**"250马力的功率算是非常高的，足以被评价为一部好引擎"。

接下来，假使从"这辆车是限量生产的125辆当中的一辆"的记述信息中，我们读取出评价信息："这辆车很有价值。"这是因为在我们价值观中根植着评价条目"生产台数"，以及**评价标准**"总生产台数只有125台，因此可以认定它的稀有价值"。

所以，如果我们希望接收者能快点做出评价，换句话说，

希望让他自己推论出具有说服力的评价信息，那么我们只要配合对方价值观中的评价条目和评价标准，传递出记述信息，就能够有效地达到目的（让他自己做出好评价）。关于这一点，我将在第3章和第7章中做详细解析。

1.5 规范信息

事物应有的状态以及人该采取的行动

虽然记述信息和评价信息各有各的特征，但是二者都属于描述性的信息。也就是说，二者都是用来表示事物的状态。相对地，接下来我要说明的规范信息，则是用来表示情况或现象"应有的状态"，以及建议某人"该采取的行动"。例如：

（1）这个宝特瓶的容量**应该要有**500毫升。

（2）游客**应该登上**东京铁塔。

（3）机构投资人**应该买进**T公司的股票。

这些都属于规范信息：（1）表示事物应有的状态，（2）和（3）则是建议某人应该采取的行动。规范信息经常以"应该怎么样"或者"应该怎么做"的形式来表现。现在，大家就可以区分描述信息（包括记述和评价信息）与规范信息了。

可是，规范信息有很多种表现方式。例如，请求式的"拜托你，登上东京铁塔吧"，还有命令式的"你一定要登上东京铁塔"。前者态度比较温和，后者态度比较强硬。不管是哪一种，二者都表达出规范信息："应该登上东京铁塔。"另外，像是"本公司应该并购竞争对手E公司""应该废除死刑"等政策性的提案或建议，都属于规范信息。

运用评价信息，对大家产生规范效果

就像记述信息会被解读成评价信息一样，评价信息有时候也会被当成规范信息。例如"并购E公司是个**不错的主意**""**最好**废除死刑"就是如此。它们都属于评价信息，但是很多人经常把它们理解为"你应该并购E公司""应该废除死刑"的意思，当成是促使行动和建议的规范信息。

再举一个例子，有一则信息是"为了恢复本公司的业绩，拥有××技术是必要的"，你觉得这则信息应该归为哪一类呢？

以较广义的范畴来说，这则信息属于描述性的信息，不属于使用"应该"两字的规范信息，因为它只是描述这个技术是必要的而已。那么，它属于描述性的信息当中的哪一种呢？这

个信息是基于某种价值观或某种评价标准所做出的结论,而且告诉我们××技术是必要且重要的,所以属于评价信息。

但是,很多信息接收者会把"为了恢复本公司的业绩,拥有××技术是必要的"这个评价信息解读成规范信息。原因在于,他们心想,如果这家公司欠缺必要的技术,那么"本公司应该开发××技术""本公司应该取得××技术"或者"本公司应该并购拥有××技术的公司"等。我想,应该有不少人把它解读成类似上面的几则规范信息。相反地,假设这家公司已经拥有这种必要的技术,那么"拥有××技术是必要的"这则信息,则会被解释成"本公司必须保护××技术"和"不可以外流"等规范信息。

心存"行动原理"的默契,让对方听话就范

为什么评价信息会被当成规范信息呢?这是因为评价信息里面潜藏着连接评价与规范的**行动原理**。

假设刚才的评价信息"并购E公司是个不错的主意",被解读成规范信息"应该并购E公司",那么我们可以假定这其中潜藏着一个行动原理:"不错的主意应该被执行。"同样,"最好废除死刑"这则评价信息,也因为这个行动原理而被解读成"应该废除死刑"。

让我们复习一遍，接收者之所以会将记述信息解读成评价信息，是因为解读过程中存在着评价条目和评价标准。而评价信息之所以被解读成规范信息，则是因为解读过程中潜藏着行动原理。

接下来，我们用评价信息"为了恢复本公司的业绩，拥有××技术是必要的"，被解读成规范信息"本公司应该开发××技术"这个例子，来详加说明。

本公司如果欠缺某种必要技术，业绩会持续低迷，而业绩持续低迷是一个很严重的问题。换句话说，处于缺乏必要技术的状态，是一个大问题。

那么，当问题很严重时，我们会根据什么样的行动原理来处理问题呢？把大问题摆在一旁吗？不会吧，几乎所有人都会觉得"应该解决问题"。就是基于这个行动原理，大家才会把原本的评价信息链接到规范信息"必须取得必要的技术"。我将完整的思考流程整理如下：

（1）××是必要的。

（2）缺乏必要的××，是一个大问题。

（3）必须解决问题。

（4）于是，"必须取得必要的××"。

第1章　信　息

在大多数的情况下，由于我们的思考会无意识地跳过（2）和（3）的语言，因此当我们读取到（1）的信息时，脑海中马上浮现（4）"必须取得必要的××"。事实上，这其中潜藏着行动原理：（3）"必须解决问题"。另外，"不可或缺的"这个形容词，与"必要的"几乎是同义词。

总而言之，**规范信息通常是根据某个特定的行动原理而推论出来的**。关于详细的论证方法以及行动原理的解释，我将在第3章和第7章中做进一步的说明。

滥用"必要"和"不可或缺"，大家没感觉

一则评价信息，很可能会因为接收者读取到"必要""不可或缺"这些字眼，而被解读为规范信息。所以，我希望大家不要轻易使用"必要""不可或缺"这样的词汇。

在商务文案里，我们经常看到大家拼命使用"必要""不可或缺"。如果偶尔使用，问题还不大；可是如果使用得太过频繁，会让接收者感到不耐烦。为什么？因为这表示接收者不断被暗示"你应该这样做""你应该那样做"。这时候，他心中便开始不断地冒出疑问：

详细的状况分析（记述信息）在哪里？

清楚的状况解释（评价信息）在哪里？
具体的提案（规范信息）在哪里？

记述就是记述，评价就是评价，规范就是规范，最好区分清楚。

特别是当你的文案报告是以"状况分析"为主题时，更要当心是否滥用了"必要"和"不可或缺"。我们在做状况分析时，所用到的符合主题的信息应该多半是描述性的，也就是说，它们应该是记述信息或是评价信息。**除非你有特别意图，不然最好不要出现太多"必要"和"不可或缺"，暗示对方朝着规范信息的方向去思考。**

即使你的主题设定为提案或建议，最好还是不要传达"必要"和"不可或缺"的信息。其原因在于，严格来说，"必要"和"不可或缺"是提案，而非规范信息。如果主题是提案，那么你传递信息时，除非有特别意图，基本上要使用"应该（采取某行动）……"。

建议"应该……"时不要贸然失礼

当你催促对方采取行动时，最终要传达的信息中即便语调上有强弱的表现，基本上还是要用规范信息："应该……"。在

第1章 信 息

后面的章节里，我会提到金字塔结构，而在金字塔结构最上层的主要信息中，我会用这样的表现方式："本公司应该**立即退出** X 事业""A 先生应该**买** Y 产品"，等等。

不过，"应该……"只是原则上的表现方式，而最终的成果，也就是你的文案报告或简报，不一定要完全套用。当你实际传达给对方时，必须视情况而定，你可以事先好好思考，某个地方是不是该明白说出"应该……"，有些地方说不定不用"应该……"反而更有说服力。其中最主要的判断因素在于传递者与接收者的关系。

如果你不理会对方的反应也无妨的话，那么只要注意基本礼貌即可，明确地使用"应该……"来直接催促对方行动，也不会产生什么大问题；特别是当你以第三者的角度来陈述意见时，使用"应该……"最能够清楚地表明主张。

但是，在某些场合里，即使你想要传达规范信息，**也尽量不要使用"应该……"这么强烈的表达方式**。例如，当你销售自家的商品或服务给对方时，不要用"您应该购买本公司的产品（服务）"的说法，因为这听起来有些霸道。同样是传达规范信息，你可以更郑重地提出"**希望**贵公司可以购买本公司的产品（服务）"，或者用劝诱的表现方式（如"**可否考虑购买**"）比较合适。传达规范信息时，要注意自己的表达有没有失礼。

复合式信息怎么抓重点？

为了让大家理解信息的种类，到目前为止都是单独做解释。不过真的开始写作时，一定会出现很多包含不同种类的复合式信息。

例如，"很多证券分析师认为，企业的价值应该以现金流量折现法（DCF法，Discounted Cash Flow）来计算"这一则信息里，就包含了记述和规范信息："很多证券分析师认为"这一部分是记述，而"企业的价值应该以现金流量折现法来计算"这一部分则是规范。

另外，"S公司是优良企业，创业以来从未有过借贷"也是复合式信息。"创业以来从未有过借贷"这一部分是记述，相对地，"S公司是优良企业"这一部分则是评价。

即便是复合式信息，只要从句子的结构上思考哪几个地方是自己想要表达的中心，就可以判定整个信息的种类。所以，证券分析师那句话，由于基本句型（也就是主语与谓语的关系）是"证券分析师认为"，因此属于记述信息。另外，S公司的那一句，由于整个句子的表现是以"S公司为优良企业"为中心，因此整体来说是评价信息。

1.6 活用各种类型信息

当别人说"听不懂"时你可以这样解答

当有人对你说"我听不懂你在说什么"时,如果你已学会如何分辨信息的种类,就可以派上用场,它可以帮你分析出对方不懂的地方在哪里。

首先,有一种情形是对方不理解记述信息。例如,他不理解记述信息当中所用词汇本身的意义。**有时候,你使用一些专业术语或惯用说法,会导致对方听不懂**。例如,当你说"我的笔记本电脑装有4G的RAM"时,如果对方不熟悉信息科技的用语,他或许会回答:"RAM是什么?G又是什么?"

现实生活中,大概很少有人会严重缺乏信息科技的知识到这种地步,不过重点是他不懂你使用的词汇,所以你的记述信息没有达到沟通的目的。一般的解决办法是,依照对方理解的程度加入适当的说明。

例如:"RAM是随机存取存储器(Random Access Memory)的简称,也就是可以暂时记忆计算机数据的一种记忆装置。它用来储存正在进行的工作,如果把一台计算机比喻成整个工作间的话,RAM大约是一张桌子的大小。""G是指Giga,为记忆装置容量的常用单位,是Gigabyte的简称。"

我知道你说什么，但还是一头雾水，怎么办？

这样解释之后，你会认为对方已经理解"我的笔记本电脑装有 4G 的 RAM"这则记述信息了。可是，对方或许会回答你："我听不懂。"这时候，你不宜再继续向他说明 RAM 和 G，因为他已经理解内容（RAM 和 G 是什么）了。即使你像竞选演讲般一直重复对他讲同样的信息，"我的笔记本电脑装有 4G 的 RAM"，对方还是说不懂。为什么呢？这时我们可以推想，他的疑问已经转移到下一个层次了："装了 4G 的 RAM，所以呢？"

如果对方已经理解记述信息的内容，那么他期待理解的下一个信息多半是评价信息。也就是说，他期待你回答他的问题："所以，我该怎么评价那台计算机？"因此，你只要向他传达"这台笔记本电脑很好用，是一台好计算机"这种评价信息，应该就可以稳定对方的心理了。

我们根据"我的笔记本电脑装有 4G 的 RAM"这则记述信息，引导出一个评价信息的结论："这台笔记本电脑很好用，是一台好计算机。"当然，对方可能心里还有疑问："为什么装了 4GRAM 的计算机就很好用呢？"即便如此，重要的是对方已经理解你传达的信息："总之，你想说这是一台好计算机对吧？我知道了。"

如果对方还是无法理解你的依据与结论之间的关联性，你最好再追加说明。你可以这么说："RAM的容量大，才可以同时处理很多的应用程序，尤其最近计算机要处理的图像越来越多，需要占用大量的内存，所以RAM必须要够大才行。"附带一提，这一则关于RAM的解释属于评价信息，并包含了评价条目。

最好在结尾处传达出规范信息

当你传递出评价信息，但对方仍然无法理解时，或许应该轮到规范信息登场。不管你再怎么强调"这台计算机真的很赞"，也都没有直接回答对方的问题："那又如何？你要我怎么做？"根据当时的状况，有时候你传递这样的规范信息（在这个例子中为提案或建议）："所以你也应该那样做"，便可以让对方理解为"原来如此，你想告诉我，我应该也要那样做"。**大多数的时候，接收者读取完评价信息之后，会期待接下来出现规范信息**（所以，我应该……我得……）。

虽然这并不能保证对方一定会赞同你，但可以确定他理解你的意思。如果对方连理解都谈不上，就更别说要赞同你了，因此说服对方的前提是他能理解你的意思。

当对方不理解你的信息时，学会分辨信息的种类绝对是一项有利的工具。传递何种信息给对方，是决定对方能否理解的重要因素。另外，如同前面提到的，由于信息与接收者很难完全割裂开来，因此必须注意有时候你传递的信息并非你真正想要传达的信息种类。

例如，传递者原本想传递一则正面的评价信息："这道菜酸酸的，好好吃。"结果他只传达出这样的记述信息："这道菜酸酸的。"那就有可能被对方理解成负面评价："不好吃。"

促使对方行动，你可以故意不传达规范信息

到目前为止，我从帮助对方理解的观点依序介绍了记述、评价、规范这三种信息，并且说明了它们好用的地方。不过，还有一种情况是，将自己的主张仅限于记述或评价信息，故意不传达规范信息；特别是当你知道对方心里的评价条目、评价标准、行动原理时，这样做的效果更好。

举例来说，当你想促使对方做出 A 决定时，与其清楚地传递规范信息"你应该做 A"，倒不如只传递评价信息"采取 A 行动很不错"。这种做法会让对方自己联想到规范信息"我应该做 A"，这样做可能更有效果。

所以，若是前面举出的例子"本公司的××是符合贵公司需要的优良产品（或服务）"，你可以选择故意只传递评价

第1章　信　息

信息，这种做法可以委婉地促使对方购买。如果想制造急迫的感觉，你可以如此表达："对贵公司来说，本公司的产品（或服务）是您做××时不可或缺的。"这背后暗藏了一个行动原理："你应该得到你需要的东西。"这是一种委婉建议对方采取行动的方式。

只传达记述信息，更委婉

为了促使对方行动，还有一种策略也很有效，那就是传达记述信息给对方，勾起对方的下意识。也就是说，你只传递到记述信息为止，"如果你做A行动，那就会有××的结果"。如此一来，对方自然会解释成"A行动是还不错的行动"。这种方法比只传递评价信息的方法更加委婉。

例如，你向一位找停车位的司机传递一个记述信息："这里禁止停车。"我想他大概会自行解释成规范信息："不应该在这里停车。"又如，一位正在演讲的老师小声地对主办者说："入口的门开了20厘米。"主办者一定会去把门关起来。不过，这种方法只限于非常了解对方的知识程度、评价标准及行动原理，才行得通，否则容易遭到误解。说不定他会这样回应："老师，我觉得门不是开了20厘米，应该只有15厘米左右。"

因此，如果你还不了解对方，最好是依序传达记述信息、

027

评价信息、规范信息，这样大致上就不会出错。即使是撰写非常重视形式的论文也应如此。总而言之，最重要的是，你要依照不同的接收者，思考如何分别运用不同种类的信息。

1.7　文章的"主题"是什么？

主题不是信息，但同样重要

讨论了信息的种类之后，接下来我们来看看何谓**主题**。主题和信息一样，都是逻辑表现力的基本核心概念。前面提过，**信息是指传递者想"表达什么"，而主题则是传递者对于"关于什么"的表达。**

有效地搭配信息与主题，可以瞬间提升对方的理解度。接下来我会说明如何具体运用。首先，我们分别理解信息和主题是什么。

在逻辑表现上，主题与信息同等重要，因为主题就像是装着信息的容器。既然是容器，主题便限制了放入里面的信息内容，就像超市卖的盒装牛奶里面装的应该是牛奶，而丙烷瓦斯的瓦斯桶里面应该装入丙烷瓦斯一样。当然，有可能里面是空的，或是装成其他的物质，例如矿泉水的宝特瓶装汽油，油桶里面储存砂糖……

暂且不谈这些故意造成的例外情况,容器内通常会装进符合大家想象的东西。在逻辑表现力中,主题也是如此。虽然主题并非信息,不过它可以限制信息的内容范围。在后面的章节里,你将学到在设计信息时活用主题的技巧。现阶段,请先理解"主题"这个概念。

用"主题"标示"信息"的范围

例如,"关于东京都杉并区"这个表达,就是一种主题。这样的表达可以促使接收者先有心理准备:"他接下来应该会传达一些跟东京都杉并区相关的信息。"至于杉并区是什么,发生了什么事,这些信息完全没有传达。"关于东京都杉并区"这句话,就是信息的容器(装进去的是关于东京都杉并区的信息)。

稍加改变,"杉并区为东京都二十三区中人口第六多的区"这个句子,现在变成了包含主语、谓语的信息。以种类来说,它属于记述信息。它只说到杉并区是二十三区中人口第六多的区,并没有说好或不好,比它多如何、比它少又如何,看不出明确的评价。

假设我们把"关于东京都杉并区"改成"关于东京都杉并

区的人口"，它仍然是个主题，没有改变。不过，作为容器，它开始限定里面的信息只能跟人口有关。容器与内容物的关系，有点像是用真空袋装东西，不管容器和内容物多么接近，二者在本质上还是不同的。**主题限定了信息可以展开的范围，但是主题不是信息。**

举例来说，"本产品的优越性"是主题；"本产品是优秀的产品"则是信息。同样，"竞争对手分析"是主题，因为里面会谈到的都是关于竞争对手的信息。主题并不是信息，所以不是完整的句子，而是名词短语"关于××"。主题并不是包含主语、谓语的句子。当然"关于"这两个字可以加进去，也可以省略。

"关于主题"这一句是主题，而"主题是信息的容器"这一句则是信息。

尽量别把主题写成一个句子

那么，"低迷的需求"呢，这是一个句子吗？答案是"不是"。为什么呢？因为句子的定义是"包含主语和谓语的明确表现"，所以刚才的例子当然不算。严格来说"低迷的需求"也不算信息。不过，从"信息性"的观点来看，它在某种程度上传达出一种微妙的语感："现在的需求处于低迷。"

在逻辑表达上，我并不鼓励使用这种既不算是信息，严格来说也不算是主题，却具有信息影子的主题。主题就是主题，信息就是信息，最好将其有条理地分开使用。所以，如果要表达信息，那就不是"低迷的需求"，应该是"现在的市场需求处于低迷"；如果要表达主题，可以用"需求动向"或"需求状况"。

虽说如此，但是有时候基于某种理由，例如为了迎合上司的特殊喜好（要求你在主题当中表达结论）而无法将主题和信息分开，那也没办法，只好折中使用诸如"扩大的市场""犹豫的竞争""强化的规则"等带有信息性的主题。

讲了一堆信息，你会推理出主题吗？

为了让大家能够理解"主题"的概念，我们试着从信息中找出主题是什么，就像从信息推论出主题一样。例如，下面都是内容物，也就是信息：

A先生空降进入名古屋分公司。
A先生三年后转调大阪分公司。
A先生现在任职于东京总公司的财务部。

能容纳这三则信息的容器，也就是主题，应该是"A先生的工作经历"。虽然内容都是跟他的职务有关，不过把主题定为"A先生的履历"也是可以的。再来，假设内容物的信息为下面三则：

A公司的销售额稳定成长。
A公司的成本似乎提高了。
A公司正在推动事业的多元化经营。

这三则信息涵盖了A公司整体的经营状况，所以作为容器的主题可以定为"A公司的经营状况"。

就像这样，我们可以**从内容物的信息逆推出主题**。在第3章中，我们会学到从信息逆推主题的步骤。从具体的信息推断出其中蕴藏的"本质"，是逻辑表现力中非常重要的关键技巧。

主题切忌"太扯"，相关信息量要足够多

接下来，请看下面三则信息：

A先生毕业于横滨的小学。
A先生毕业于仙台的一所初高中一贯制中学。

第1章　信　息

　　A先生毕业于东京的大学，之后进入企业工作。

　　应该怎么设定能装进这三则信息的主题？我想有的读者已经很快决定将主题设定为"A先生的学历"，但应该也有人正在犹豫，要不要将主题设定成"A先生的履历"。以范例解答来说，经过一番苦思之后，我建议用"A先生的学历"。

　　确实，这些信息几乎都在描述A先生的学历。但恼人的是，它最后又加入一个信息："进入企业工作。"严格来讲，这个信息并不算是学历的范畴，那就整体内容而言，以学历来设定主题似乎太小了。也就是说，进企业工作这个信息从容器中满溢出来，无法被容纳进去。如果我们要做到滴水不漏，就只能换个大一点的容器。当然，也可以把"进入企业工作"这部分移除。可是，我们一开始就限定这些信息不能改动，所以还是只能换大一点的容器。因此严格来说，主题应该是"A先生的履历"。

　　等一下！现在换了这个主题，确实可以涵盖所有的信息，可是又会发生新的不兼容的情况：内容物和容器的容量不一致。做到滴水不漏的代价，就是容器比内容物大太多了。感觉像是一个很大的容器，里面却只装了一点点东西。这种数量上的差距，比起刚才只多出"进入企业工作"这个信息更糟糕，所以，我最后还是认为内容物和容器的容量能尽量配合的方案比较好。因此，这个案例的范例解答为"A先生的学历"。

假设信息内容除上面三则之外，又多加了A先生调职到哪里或是A先生换了什么工作等信息，这时候，主题当然适合定为"A先生的履历"。换句话说，主题与信息在数量上的配合度，是设定主题的关键因素。

用"时间"替主题定调，增加吸引力

接下来，再看以下三则信息：

某机关调查Z市场未来五年规模将成长三倍。
针对Z市场，许多厂商计划今后投入新产品。
在不久的将来，Z市场的需求者将拥有议价的能力。

请大家想想看，你会怎么设定这三则信息的主题。首先，这三则信息很明显都跟Z市场有关。所以，如果设定成"Z市场的分析"如何？没错吧，这些信息都在分析Z市场。好，我们先把它当成选项之一。不过，大家会不会觉得，就容器来说，这个主题太大了些？同样，"Z市场状况"也可以当成候选项，不过仍然太大了。

那么，改成"Z市场的动向"如何？动向指的是"运动"

加上"方向"。现在容器小了一点,在数量上更能跟内容物配合。没错,这些信息都是关于Z市场的动向。只是,如果我们**从时间轴来看,会是如何**?从时间轴来看,这三则信息共通的地方,都是在谈未来的Z市场。

从这个观点来看,"Z市场的动向"又太大了些,因为它没有明确表示出时间轴。也就是说,你现在说的到底是过去的动向、现在的动向还是未来的动向?如果从时间轴来考虑主题的设定,我们可以举出几个候补选项,像是"今后的Z市场"和"预测Z市场"等。还有,"未来的Z市场"也可以作为选项之一,"Z市场今后的动向"也是不错的。

主题定调时,你希望给人哪种印象?

接下来,看看解答范例"Z市场的未来性"和"Z市场的展望"。确实,这两个答案都没有时间轴的问题,二者都是讲未来的事。在这里,我要问各位读者,"未来性"和"展望"这两个容器里面装的信息,大多都是什么性质?是光明美好的,还是黑暗丑恶的?拿这个问题来询问大家,我想大概有一半以上的人都会回答"未来性"和"展望"是光明美好的。

那么,我们接着用好消息和坏消息的观点来重新检视信息内容。

"某机关调查Z市场未来五年规模将成长三倍。"这则信息大概会被解读成好消息。不过,"针对Z市场,许多厂商计划今后投入新产品"和"在不久的将来,Z市场的需求者将拥有议价的能力"这两则信息,对需求者来说确实是好消息,但是对于从业者而言可能是坏消息。

例如,从厂商的立场来说,当这两则信息尚未确定是好消息或坏消息时,最好先不要在主题中放入光明美好的印象,以免最后容器标识和内容物不一致。因此,就范例解答而言,我建议改成"今后的Z市场"或"预测Z市场"。主题给人的印象是否能和信息配合,也是非常重要的。

主题性质跟信息种类要一致

在设定主题时,我们除要考虑所涵盖范围的大小、时间轴、印象等因素之外,也要考虑主题与信息种类是否可以整合在一起。如果要设定一个主题来包含"本公司应该变卖Z事业"这则规范信息,我们可以把"变卖Z事业的提案"当作选项之一,因为它能够整合主题与信息。

如果想增加容器的容量,那么可以省略Z,改成"变卖事业的提案"。其中,重点在于"提案"这种主题的形式。要不要包含Z跟容器的大小有关,但如果这个主题的形式要跟"应该……"这类规范信息一致，那么就必须用提案。

如果我们把主题改成"变卖事业的重要性"，那么"应该变卖"这则规范信息就很难放得进去。原因在于，当主题是"重要性"时，暗示着里面应该放"证明这么做很重要"的评价信息才合适，而不是建议"应该变卖"。主题设定成"重要性"，结果内容却是"应该……"，这二者文不对题。各位在写作时，最好**要确认信息的种类与主题的形式是一致的**。

你可以自己演练

一、练习题

问题一：分辨信息种类

请分辨下面的信息种类。是记述，是评价，还是规范？

1. 气象局报告，日本时间4日早上7点36分，南太平洋的所罗门群岛西部吉佐岛（Ghizo Island）海域发生里氏规模7.2级地震。

2. 劳工薪资下降导致消费减少，物价下跌，最后企业会因

037

为业绩恶化而产生可怕的通货紧缩螺旋（Deflationary Spiral）现象。

3. 在汇率效果无法预期之下，本公司必须依靠技术、质量、设计开拓新的市场。

4. 这辆车每公升汽油可以跑80公里。

5. 上班族想要发挥出自己的实力，一定要学习逻辑表现力。

问题二：从信息设定主题

请从下面多则信息中引导出主题。这个练习是为了帮助你学会从一连串的信息内容中推算出作为容器的主题。

1. A公司……

   "打算废止出生地主义"

   "任用新人时不问从哪所大学毕业"

   "实施全方位绩效评估"

   "引进导师制（Mentor System）"

   "重新评估成果主义"

2. 本公司……

   "不模仿别家公司的产品"

   "默认暗中开发"

   "重视基础研究"

"每一个市场皆设有研发（R&D）据点"

"积极与大学合作共同开发"

3. 新产品"终极号"（Ultra Model）……

"强项为拥有多界面"

"内置两百万像素高性能网络摄影机"

"内置高性能无线网络，配备 Redmouth 4.0"

二、解答与说明

问题一：分辨信息种类

1. 记述信息。不包含好坏判断。

2. 评价信息。因为"可怕的"一词具有浓厚的好坏判断色彩。

3. 规范信息。因为该信息提示出应该采取的行动。

4. 记述信息。假设信息改为"省油钱的好车"，则为评价信息。

5. 评价信息。此句并未直接表达"应该……"等信息，但许多读者可能会以为"一定要"这个部分是个大问题，应该要解决。所以，会无意识地自动做进一步的思考，把它解释成规范信息。

问题二：从信息设定主题

1. A公司的人事政策、A公司的人事方针。

2. 本公司的研发方针、本公司的研发特色。

3. 新产品"终极号"的强项、新产品"终极号"的特色、新产品"终极号"的评价（范围稍大）。

第2章

写出流畅有力的文案

主语、连接词、具体性,三大重点

- 善用主语,影响别人思考
- 文章一气呵成,就是逻辑思考
- 用字具体,表现负责的态度
- 分段:表达多个信息的窍门
- 你可以自己演练

在第2章中，我们学习如何清楚地表达信息。从主语、连接词、具体性这三个层面，来学习表达的技巧。不论要传达哪一种信息，最重要的是"一目了然"，也就是紧扣主题。如果你传达得够清楚，除了能让你的信息更有逻辑，还能提升信息的说服力。另外，在本章最后，我们会学习多个信息的集合体，也就是"分段"的概念。

商务写作先表现意识，再呈现意境

在第1章中，你知道了信息是构成文案的零件，并已经熟悉它们的种类，接着我们学习了主题的概念。有了这些基础之后，接下来在这一章中，我们要学习如何传达简明易懂的信息给对方。

一则信息是否容易理解，关键在于它的明了程度。我们必须追求表达上的明了，让接收者能够轻易解读信息。明了的信息可以减轻接收者的负担。反之，如果目的是测验对方的解读能力，像考试题目，那么就可以故意增加解读者的负担，但这是例外。**商务文案不能让读者去推敲意境**，要尽量减轻接收者的负担。

要注意的是，我们接下来讨论的"明了度"，指的是表达方式的明了，与信息内容的难易程度无关。而且，并非只要遵循这些技巧接收者就能迅速理解所有难以理解的内容。不过，就算内容难懂，至少我们可以在表达上尽量减轻接收者的负担，这有助于对方理解内容。

有意识的模糊也能清楚表达

逻辑表现力注重清楚地表现想法。但是，重视清楚表达，不代表全盘否定模糊表达。换句话说，清楚表达并非唯一的表达方式。在实际操作中，我们可以假设各种状况，有些状况下使用模糊表达也是合理的。

但要注意的是，使用模糊表达时必须先认清状况，换句话说，一定要有意识地使用。

例如，某家企业的股票暴跌，证券分析师Ａ先生去拜访该企业，向一位主管询问其原因。他心想："不管怎么样，最好都是清楚表达！"于是他诘问主管："贵公司股价暴跌，请问你们的经营团队认为原因出在哪里？"确实，这是清楚表达。

但是，我不建议在这种情况下使用。因为影响了对方的心情，或许就得不到重要的信息。而且，如果让对方产生"这人真失礼"的印象，或许也会影响到他在证券业界的名声，实在是有百害而无一利。这时候就应该使用一些战术性的手段，有意识地使用模糊的表达，即使听起来不那么清楚。例如："可否请教，贵公司的股价发生剧烈变化，原因是什么？"

逻辑表现力也讲究尊敬对方，尊重对方的感情，这一点相当重要。总而言之，要尽量避免出现类似"原本想要明白表达、打开天窗说亮话，结果局面却被搞得一塌糊涂"的状况。最好是清楚表达和模糊表达两种都能运用自如。**有意识地使用模糊表达**也算是一种清楚表达。

操作三种变量，让信息更明了

要让信息变得更清楚，就要在句子的结构和印象上多下功夫。只要操作下面三种变量，就可以达到清楚表达：

- 使用**主语与谓语关系明确的句型**
- 连接句子时**使用正确的逻辑连接词**
- 使用让人产生印象的**具体表现**

2.1 善用主语，影响别人思考

请使用主语与谓语关系明了的句子

如前述，有逻辑表现力的信息，都是包含主语和谓语的句子。所以，最重要的是在你的句子当中主语和谓语都很明确。逻辑表现力所追求的明了信息的源头，在于高度明了的主语与谓语的关系。

　　句子当中的主语，不是支配某种行动，就是处于某种特定状态之下。"现在我正在写原稿"中的"我"是主语，主语就是支配"正在写"这个动作或状态的主体。"正在写"是谓语，谓语表示动作或状态。"写"是动作，"正在"是状态。因此，"我"里面包含了"写"的动作和"正在"的状态。

　　关于主语和谓语的语法解说，可以参考其他书籍，本书着重于实践，各位只要把主语当成动作或状态的主体，把谓语当作是动作或状态即可，二者都是句子的成分。

　　明了表现，最先要注意的是**主语是否明确**。

说话没主语，别怪别人不懂你的意思

　　很多人说："日语是一种模糊的语言。"如果这种批评是真的，我想最大的理由应该是日本人倾向于不使用主语，也就是习惯了排除行为者[①]。我并非比较语言学学者，就我本身有限的经验来说，我和英语奋战前后也有四十个年头了，跟日语相较

---

① 中文也经常会省略主语。——译者

之下，二者最大的不同确实在于"主语"的明确程度。

例如，英文的"I love you"，常出现在日常会话或电影对白当中。直接译成"我爱你"不是不行，而是在对话中我们应该会说"好喜欢你"或是简单两个字"爱你"，至少在见面交谈时会这么说。这种情况下，就算省略主语意思还是能通，只是若真有人误解了，搞不清楚到底谁爱谁，那这个人也太过无知了。

英语里面有时候也会省略主语"I"而只用"love you"，但这多半在表达轻微的感觉，并非真的表达浓烈爱意。

让对方自行推断主语很不保险

在省略主语的时候，我们可以根据前后文的脉络和状况，自然地推论出支配谓语的主语。例如，在日常对话中听到"肚子好饿噢……"我们可以推断主语为说话者本人；如果我们对别人说"很累吧"，别人可以直觉推论出主语为"你"。

可是，多数情况并不像上面的例子那么清楚。在必须厘清责任的商务文案中，你一定要清楚意识到：**欠缺主语容易造成很大的误解**。

例如，"本公司非常重视与A公司的独家交易，可是最近开始与别家公司交易，让人非常担忧"这句话就非常麻烦，到底是谁最近与别家公司开始交易，是本公司还是A公司？到底是谁在担忧呢，是本公司，是说话者本人，还是A公司呢？A公司指的是特定的个人呢，还是某个部门？

我们经常在说话时省略主语，例如"应该关闭亏本的店铺"这句话就没有主语，我们找不到"关闭"这个动作的行为者。然而，在商务文案中，如果欠缺行为者，也就是主语，那么责任归属就不清楚，所以一定要特别注意。

更夸张地说，有些句子的主语与谓语关系很清楚，但是你仍然找不到行为者。例如，"产品多样化"与"战略两极化"这种句型很常见。没错，这些句子都有主语和谓语，但是这些例句都使用不及物动词（"多样化"与"两极化"这两个动词的后面没有动作的承受者，也就是没有宾语），所以找不到行为者。产品不会自己多样化，战略也不会自动两极化，其中一定有行为者。

稍后我会提到，这种推演出行为者的过程，可以刺激我们各个层面的思考。

为什么我们常常忘了用主语

为什么我们对于行为者（主语）不太在意？其中一个原因，或许跟过去我们身为农耕民族有关。

"种田"——谁？

"当然是全村的人啊。一个人怎么种？"

"收割"——谁？

"当然也是全村的人。一个人怎么收？"

可能当时什么事情都是大家一起做，于是就变成一种默契和前提了。但是，在重视行为者责任的商业沟通当中，传达信息时**必须意识到行为者，这种训练非常重要**，可不能完全靠什么默契。

像刚才"应该关闭亏本的店铺"这句话，若用被动语态"亏本的店铺应该被关闭"来表示，可使主语与谓语的关系较为明确。然而，这句话主语、谓语都有，还是不禁让人想问"被谁"？只要没有加入被谁关闭的相关信息，就算是改成被动语态也无济于事。而且，被动语态用多了很危险。

在商务文案中，我们经常看到使用被动语态的表现，例如"××被认为是""××被公认为"等。很多人因为想酝酿出客观分析的感觉，所以经常使用被动的表达方式。事实上，站在接收者的立场来看，他们会开始不耐烦："被认为、被公认，我懂。可是，到底是被谁认为、被谁公认呢？"

很多人无意识地使用被动语态，直到接收者这么一问，才开始思考行为者是谁，结果只能慌慌张张地回答："社会上一般都这么认为。"这种无意识忘记主语或是用被动表达方式的人，心底多少抱着可以巧妙蒙混过去的念头。

使用被动语态，有很高的概率会隐藏行为者。或许有时候是为了保护行为者，不让他出现，所以刻意使用被动语态。

使用被动语态有各种理由，除了前面说的制造出客观分析的感觉，一般被认为还有以下理由："听起来格调较高""可以唤起被害者的悲伤情绪""没什么信心，所以先别把话说死"等（连我说的这句话都用了被动语态！）。总而言之，使用被动语态时一定要很小心，不要滥用。

基于上面的想法，**为了让信息更加明了，最好还是以"清楚表现出主语"的主动语态作为基本句型才是上策。**

想要刺激思考，用及物动词就对了

即便是含有主语的主动句，一旦使用"不及物动词"（也就是让宾语成了主语，像是电话要挂了、车要走了……），我们就会找不到行为者。

不管是为了厘清责任归属还是刺激思考，我们都应该注意自己是否在无意识中使用了不及物动词。**使用主语与及物动词的思考方式，可以训练我们意识到行为者，这种基础训练非常重要。**不管你最后决定用什么句型，总之先使用及物动词就对了。不能用及物动词时，那就用使役动词"让……"（脑筋动起来VS让脑筋动起来）。使用之后，你会发现心里自动考虑到很多问题，如此便能活化你的思考。

例如，我们常在车站听到广播："门要关了。"这个"门要关了"的句子用的是不及物动词①，没有指出谁是行为者。但是，电车的门并没有生命，不会自己关，一定是有人把它关起来。

好，现在你来试试看，把"门要关了"这个句子改成用及物动词来表示，会变成"关门"，再放入主语，就变成"列车员要关门了"。

想象一下，如果车站的广播变成"请注意，列车员要关门了！"可能会发生什么情况？月台上想要上车的乘客会嚷嚷："先不要关！""为什么关起来了？"可能会开始找对象来交涉或提出要求。搞不好还会有人对开关车门的构造和时间点有兴趣，问列车员："你是怎么关的？"

我要说的是，使用及物动词，可以意识到行为者，并且刺激思考。为什么？因为**行为者是活生生的人，他抱持的意图、意志、希望，传达给接收者后，可以刺激对方的脑部**。因此，**在逻辑表现上，我鼓励大家使用及物动词来思考事情**。

---

① "关"的后面没有受词，门成了主语。——编者

要对方别想、照办，你就用不及物动词

那么"门要关了！"听起来如何呢？感觉门会开开关关是自然现象。听起来就像契约书上面会出现的"不可抗力（Force Majeure）"，因为自然现象实在找不到行为者，"无奈"之下只好接受。例如，"下雨""风吹""春天来了"等，真的就是自然现象，不太可能用人为的方式阻止它们发生，这时候适合用不及物动词。

应该不会有人望着窗外，然后说："云让雨降下来了。"这时候用及物动词表现反而不自然。但是，不管云本身有没有意愿或企图，如果你用及物动词表达的话，很自然地会产生疑问："云如何产生降雨？"也就是说，**用主语和及物动词的思考方式会勾起疑问，你就比较有机会刺激自己的思考。**

反之，想让思考僵化，要信息接收者照办，多用不及物动词效果会很好。刚才说的"门要关了"就是如此。车站里面的广播，大家比较常听到"门要关了"，还是"要关门了"？根据高杉事务所的调查，结果差距还挺大的，"门要关了"获得压倒性的胜利。

这样的结果绝非偶然。为了防止时刻表大乱，站在车站员的立场上绝对不希望乘客产生不必要的疑问，所以把门的开关表示成自然现象是很正常的。虽然，我无法确定车站员是否意

识到这一点，所以才说"门要关了"，不过用不及物动词的广播比较多是不争的事实。大家可以利用通勤的时间调查看看。

最后，请容我讲一点不相关的内容，以前我曾经在民营铁道沿线某个车站里，在月台听到一次奇怪的广播："门要关起……了"①我吓了一大跳，没站稳，差点掉进铁轨！（这意思是门是行为者？）

刺激自己思考，不刺激他思考？

最好一开始就用及物动词思考，也就是说**你的思考要不断意识到行为者**。可是，在最终信息中，最好还是分别使用及物动词和不及物动词来表达。例如，我们常在商务文案中看到"可望成长"和"利益值得期待"等词句。关于市场，我们会从日常业务的经验中直觉判断它"可望成长"。

从语法上严格来看，"可望成长"是不及物动词的表达方式，因为句子里没有出现行为者。现在我们改用及物动词试试看。确实，市场可望成长或许是属于自然现象，但我们刻意改用及物动词思考，也就是说要大家意识到行为者——主语，把句子改成"我预测这个市场会成长"，那么一下子就会冒出

---

① 这里的"门"是主语，"关"是及物动词，但后面却没有宾语。——编者

许多问题：

> 为什么你预测市场会成长？
> 你从什么观点预测市场会成长？
> 别人觉得市场不会成长吗？
> 说不定，这只是你个人的偏见？

换句话说，用及物动词思考较容易客观分析行为者，也就是思考的主体——我。甚至你还可以再往外跳出一层，以听众角色分析身为观察者的自己，平常我们的思维很难达到这个地步。

"利益值得期待"这句话也是一样。先不要用不及物动词思考"利益值得期待"，改成用及物动词来思考，意识到行为者"我"的存在，把信息替换成"我期待能产生利益"。如此一来，便可以更清醒地分析产生利益的相关理由。搞不好你会发现对利益的期待并没有太大的根据，纯粹只是自己希望如此罢了。

逻辑表现力的核心观念就是，思考正在思考的我，也就是"后设思考"（Meta-thinking）。借由行为者（主语）与及物动词的表现，我们比较容易实践后设思考。

当然，也有可能行为者（主语）不是自己，而是其他人。例如，我们将不及物动词的信息"产品多样化"和"战略两极化"修改成用及物动词（严格来说是使役动词）来表现，这时候它们的主语可能会变成"竞争对手Ｂ公司让商品多样化"和"多数业界大佬都将战略两极化"。不管行为者是不是自己，及物动词都能刺激思考，有加分的作用。

当然，不能保证只要用及物动词思考就一定可以确实做好分析，不过至少可以提高刺激思考的概率。

同样，使用不及物动词不一定会僵化对方的思考，只不过可以提高让他觉得"顺理成章"的概率。所以，当你传达最终的信息给对方时，有一个小技巧很有用，那就是一开始先确实地叙述根据，最后再用不及物动词来做结论："根据以上分析，本市场可望获利。"

哪个才是真正的主语

前面我们讲完不及物动词与及物动词，也学到了主语的重要性。不过，实际上，要表现明了的主语与谓语的关系并不容易。有时候，即使一则信息里面有主语，我们也很难断定真正的主语是哪个。例如，"长颈鹿的脖子很长"这一句的主语是谁？这里，我们用消去法大概可以推测得出来。"长颈鹿很长"意思不通，所以主语应该是"脖子"。

那么，接下来这个如何？"跳蚤身体很小"这一句就跟长颈鹿不同，很麻烦，没办法用消去法。因为"跳蚤很小"意思通顺而且很合理。那么，这一句的主语与谓语关系到底是"跳蚤很小"，还是"身体很小"，我们并不清楚。"跳蚤"和"身体"都有可能是主语。

再来，"今天想吃乌龙面"这句话如何，可以推测出它的主语吗？谓语是"想吃"，这很明显。乌龙面是主语吗？应该不是吧。我们很难想象身为食物的"乌龙面"会成为行为者。难不成"今天"是主语？也不是。因为今天是个时间，它不会自己想吃乌龙面。

可能已经有人发现了，这句话根本没有主语，它漏掉主语了。但是，我们还是可以推测出主语。主语应该就是说话者，也就是"我"。只是它没有被文字信息表示出来而已。严格来说，这个句子没有主语。诸如此类，有时候推测主语还挺麻烦的。

英文的语序规定非常严格。如果把"I love you"改成"love you I"或"you love I"，意思都不通。而日语则没有这个问题，"我爱你"可以改成"爱你，我"或是"你，我爱"，都很通顺，而且语序改变，还会酝酿出各种不同的语感。英语的话，只能靠语调来表达。

有好就有坏，因为如此一来句子的结构就很模糊。像"乌龙面，想吃"。是"谁"想吃乌龙面？依照这句话的情境来说，应该是说话者本人。应该不会有人把乌龙面当成主语吧,乌龙面想吃谁呢?

同样,"色狼不能原谅",也是个经典例子。

我曾经站在张贴于车站内的海报前面,疑惑了一阵子:"到底色狼不能原谅什么东西啊,怎么没写完?"我曾经在企业研习时说出这段经历,结果引起参加者哄堂大笑:"会想这种奇怪问题的人,只有老师你了。""这句话当然是在说'我们不能原谅色狼'。"

没错,"色狼不能原谅"的意思很明显,但是以逻辑表现力来说,就是缺漏了主语,应该要放入主语。否则,"老板不能原谅"又是什么意思呢?按照色狼这句话的逻辑,不就是"我们不能原谅老板"了?

顺带一提,某家知名企业的大厅贴了一张大海报上面写着:"职场骚扰不能原谅。"

想吃面的是"今天",不是"我"?

我们在阅读或写文章时,还会读到或写过一种刻意设定主题的句子。例如,"长颈鹿,脖子很长"的意思是在强调"我要说的是长颈鹿"。"跳蚤,身体很小"也是一样,表示我设定了主题,说的是跳蚤。"今天,想吃乌龙面"也是一样,意思是:"我要说的不是昨天、不是明天,而是今天。"

为什么在逻辑表现力当中,特别重视这种句型呢?原因在于,**这种设定了主题的句子,经常会挤掉原本的主语**。如此一来,文章的基本构造也就是主语与谓语的关系就会不明了。如同前面所述,这种句子偶尔使用可以强调语气,但如果用太多,我们就很难推断出主语是什么("今天"是主语还是"我"是主语?但偏偏"我"在句子里面没出现)。一旦主语与谓语的关系不明了,信息的表达一定也跟着模糊。追求文章清楚表达的第一法则,是清楚的主语与谓语关系,设定主题的句子用太多,只会徒增混乱而已。

总而言之,最好只强调主语,才能确保文章结构中主语与谓语的关系明了。

逻辑:将没意识到的思考方式意识化

为了让读者能够正确使用主语与谓语关系明了的句型,我在句子的写法上花了不少篇幅,可能有读者会觉得:"原来,逻辑表现力就是在讲小学生造句啊。"我告诉大家,绝非如此。

注意句子的结构固然很重要,可是现在大家要进入更重要的阶段,那就是通过这种作业练习,将平常**没意识到的思考方式"意识化"**。无意识思考的意识化,在逻辑表现中是一个非常重要的过程。

所谓"进行逻辑思考",无非就是"将自己的思维导向逻辑化"。而这个过程的前提在于无意识思考的意识化。如果我们的思考完全在无意识下工作,根本就不可能将思维导向逻辑性的方向。其原因在于,当你不自觉,思维便会跟你渐行渐远。当然,我们不可能百分之百意识到自己的思考,可是至少可以做到某个程度。**只要你能意识到思考,那么驾驭它的可能性就会大幅增加**。所以,思考的意识化是提高逻辑表现力时非常重要的工作。

这几年,商业界开始广泛认识到逻辑思考的重要性,出版了不少指南书。但很可惜的是,据我所知,没有一本书重视无意识思考意识化的重要性。少了这项工作,就等于堵住了逻辑思考的源头。

我们前面一直在讨论句子的微小差异所造成的意思差异,这个过程就是将我们平常在无意识下运作的思考意识化。现在大家应该了解,我们刚才并非纯粹在复习小学生的造句。

语言就是思考的工具

到目前为止,我们解说了文章和句型的基本结构。其最主要的用意**是让大家学会如何把语言当作思考工具**。语言,是表现思考的素材，但同时也是用来思考的工具。以撰写报告来说，语言是思考的工具，但同时又是报告的素材。一般来说，工具和素材是不同的东西。例如，盖房子的时候，刨子、榔头、锯子是工具，木材或其他的建材是素材。素材与道具完全不一样。画画也是如此，画笔和调色盘是工具，颜料是素材，二者不同。

可惜的是，在我们平常的生活和教育中，几乎从未把语言当作思考工具。语文教育主要在强调文化、道德、历史、文学。现在，唯一将语文当作思考工具的课程只有一个，那就是我们以前上的英语课。把英语翻译成汉语，或把汉语翻译成英语，在这来来去去的过程中，我们透过英语的语法，将语言当作思考的工具。可是，现在的英语教育重视听和说，因此这种观念也渐渐淡薄了。

正因如此，我才希望在逻辑表现力中，强调"下意识将语言当作思考工具"这个观念的重要性。

视情况，主语有时应刻意省略

让我们回到主题，如何让文章的结构明了。前面讨论的观点告诉我们，最好多使用主语与谓语关系明了的句型，但并非所有情况都是如此。有时候，省略主语感觉上会比较流畅，故意加进主语反而导致接收者过度将注意力集中在主语上。例如，你说了一段话之后，强调"**我个人这么认为**"，等于是去诱导接收者去想："**你个人这么认为，那么别人可能不这么认为啰？**"如果你的本意并非诱导对方有这种想法，那就最好不要强调"我个人"。

可是，当你省略了主语，就得注意对方会不会误解你想传达的具体内容，这要先想清楚。最好在草稿阶段就清楚地标示出每个句子的主语，之后再一个个判断哪些地方省略主语比较好，然后刻意省略。

这种句子，让人喘不上气

接着，我要说明怎么样让主语更加明了。首先，记得要让主语与谓语尽量靠近一点，才能够清楚表达"什么事怎么了""什么事是什么""谁应该做什么"等信息。这时候可以使用两种方法：一种方法是缩短主语与谓语之间的说明，另一种方法则是视具体情况分成两个句子来做说明。

例如，在下面这个句子中，主语与谓语离得太远了。

业务部长在前天的例会中听到各业务据点报告的业务进度比预期来得好，以及各据点关于道德提升所做的说明之后，**感到非常满意**。

主语与谓语之间相隔了几十个字,何不让它们更靠近一点?应该更好理解。

改善方法一

  在前天的例会中,听到各业务据点报告的业务进度比预期来得好,以及各据点所做的关于道德提升的说明**之后,业务部长感到非常满意。**

现在主语与谓语确实靠近了,不过主要句子出现前的前置文字居然有将近50个字,念起来还是很累。

改善方法二

  业务部长感到非常满意,**因为他**在前天的例会中,听到各业务据点报告的业务进度比预期来得好,也听到各据点所做的关于道德提升的说明。

先说出结论,原因的部分在其他地方再做说明,这是这个方法的优点。可是,在原因说明中,主语的"他"与谓语的"听到"还是相隔太远,必须让它们再靠近一些。

改善方法三

业务部长在前天的例会中感到非常满意。**因为他**听到各业务据点报告的业务进度比预期来得好,也听到各据点所做的关于道德提升的说明。

在原因说明中,我把"在前天的例会中"拉出来,移到结论部分的主语与谓语中间。同时,把原来在后面的谓语("听到")拉到前面,使它更加靠近原因说明的主语("他")。

连来两个主语,让人困惑

逻辑表现力所说的信息,是指主语与谓语关系明了的句子。基本上一个句子当中,只会出现一组主语与谓语关系。如果出现两句对等的句子,则称为"复句",里面便含有两组主语与谓语关系。例如:

逻辑表现力(主语1)为商业人士必学的技巧(谓语1)。可是,具有系统性的学习机会(主语2)却意外地少(谓语2)。

还有一种"复句"是,在一个主语与谓语关系成立的句子结构中，又出现另一对主语与谓语关系句子。例如：

逻辑表现力（主语1）系统性的学习机会（主语2）意外地少（谓语2），却又是商业人士必学的技巧（谓语1）。

在一个句子中，我们要尽量限制主语与谓语关系的数量，最多不要超过两组。这不是在玩德州扑克，所以不要以为拿到3个对子或4个对子会更好。

为了再次提醒读者主语的重要性，我举出一个江户时代有名的小故事来说明。

偷柿贼

黑夜里，两名年轻男子正悄悄地交谈。

"今天晚上趁着月黑风高，咱们正好可以偷隔壁的柿子。"

"嗯，那我爬上树，用木棒把柿子敲下来，你在下面捡。"

话说完，一名男子立刻爬到树上，用木棒敲柿子，柿子一个个掉到地上。负责捡拾的男子急忙捡起柿子，但是天色实在太暗了，一不小心失足跌入水沟。水沟还挺深的，他怎么爬也爬不上来。

"喂，掉下去了，掉下去了。"掉进水沟的男子压低声音叫道。

"当然掉下去啦，因为是我敲的。"

"不是啦，掉下去了，掉下去了。"

"这不是废话吗？赶快捡啊。"

"不是啦，掉到水沟里了。"

"掉到水沟里的就不要捡了。"

"……"

这个例子说明了遗漏主语会造成多大的误会。

2.2 文章一气呵成，就是逻辑思考

小看连接词，思考就成了一团糨糊

前面提到，"模糊"是因为我们省略主语，导致信息与信息之间的连接模糊不清。在商务文案、新闻报道、会话等沟通媒介中，我们经常看到一些不清不楚的连接词。这些连接词都是把主语的多个可能的解释连接起来的表现方式。

模糊的连接词无法明了地连接多个信息，因此成为阻碍正确

信息传达的最主要因素。每一则信息之间的关系如果模糊不清，那么上下文的关系以及主旨，当然也就变得混沌不明。所以，为了传达正确的意思，大家应该尽量正确地使用逻辑连接词，以清楚表明信息与信息之间的关系。

当我思考逻辑连接词时，不禁觉得经常听到的"日语是一种模糊的语言"这种说法并不正确。原因在于，不是日语这个语言的表达让人感觉模糊，而应该是使用者本身的问题比较大。如果日语这个语言的本质就是模糊，那不就表示只要使用日语就永远表达不清楚了？在逻辑表现力中，信息的明了度只能依赖使用者的表达，其影响大于语言本身。

同样，将逻辑套用在主语上也是如此。日语里面并非没有主语的概念，而是使用者不习惯意识到行为者，也就是主语。相反，大家都说英语是表达明了的语言，但是只要连续使用太多"but"和"and"，句子的意思一样模糊不清。换句话说，一个句子表达得明不明了，最终仍然是回归到语言使用者本身。

请大家多多活用我整理出来的"高杉逻辑连接词表"（表2-1）。现在，很多企业都采用这份逻辑连接词表。但是，它还不是最终版，顶多算是一份入门导览，在内容的全面性上尚显不足，还需要继续补充更多逻辑连接词。

表 2-1　高杉逻辑连接词表

顺承与附加	追加	还有、并且、再加上、以及、不仅如此、不只、理所当然、另外、除了、同时、特别是、而且、除此之外、尤其、甚至
	对比	**并列** 另外、另一方面、相对地 **时间系列** 同时、以来、以后、以前
	解说	**延伸** 总而言之、也就是说、具体地说、例如、其实、原本、顺带一提 **总结** 像这样、总而言之、总的来说、综合来说、简言之 **换句** 换句话说、讲白了、换言之
	条件	如果、假设、假如……的话、如果不是……的话、根据、只要、至少、有……的话、而且
	选择	或者、或是、或如、不如、还是
顺承与论证	理由	为什么、所谓的、理由是、原因是、因为、由于
	归结	因此、正因为、由于、基于、结果、综合……的观点、所以、于是
	手段	借由、借着
	目的	为了、为此
转折	反转	可是、但是、虽然、不过
	限制	要注意的是、虽说如此、……没错但、相反地
	让步	当然、确实、没错
	转换	对了、那么、接下来

状况一：你想"追加"说明，还是"归结"因果？

状况一：由于市场不景气，各企业开始陷入困境，住宅行情持续下跌。

这句话中出现了模糊的语意衔接，究竟"陷入困境"与"行情持续下跌"这两个信息之间表示何种关系？是表示一个关联性松散的追加信息，还是表示一个紧密联结的因果关系？看第一遍的人不会有想法，信息的传递者（你）得引导他。

如果你想表达的是"追加"说明（比前一信息更进一步）的话，应该改成"由于市场不景气，各企业开始陷入困境，**不仅如此**，住宅行情也持续下跌"比较好。其他还有很多表示追加语气的连接词，像是"除此之外"和"而且"等。

如果想拆成两句来说明，句子可以改成："由于市场不景气，各企业开始陷入苦境。**而且**，住宅行情也持续下跌。"除"而且"之外，还可以用"并且""此外"。如果想表示强调，还有很多选择，像是"特别是""同时""尤其"等。

如果想表示因果关系，可以用结果在前、原因在后的"理由"连接词，或者是反过来，用原因在前、结果在后的"归结"连接词。

如果用归结连接词，句子会是这样："由于市场不景气，各企业开始陷入困境，所以住宅行情持续下跌。"其中，表示原因的"各企业开始陷入困境",在支持着结论"所以住宅行情持续下跌"。在归结连接词方面,一般还可以使用"因此"等。另外,就像追加说明的连接词一样,归结衔接也可以拆成两句来说明。例如,"由于市场不景气,各企业开始陷入困境。**结果**,住宅行情持续下跌"。

状况二:你想"追加"说明,还是强调"手段"?

状况二:对各国科以削减的义务,推行排放交易①,为一种有效方式。

从上下文来看,后面的句子可以用"追加"连接词来衔接,也可以用"手段"连接词来衔接。(就看你要表达哪种意思)如果是追加的意思,那就要和状况一的句型相同:"对各国科以削减的义务,**并且**促使排放交易,为一种有效方式。""并且"只是追加用语的其中一个,你也可以用"还有"。

如果"对各国科以削减的义务"是一种手段,那么它的目的就是"推行排放交易",这时候要用"手段"连接词来衔接。"**借由**科以各国削减的义务,(目的是)促使排放交易,为一种有效方式。"

---

① Emission trading,高污染的企业向低污染的企业购买排放权利。——译者

问题不在于这个句子的正确解释（二者到底是追加关系还是手段关系），因为我们没有足够材料可供判断，而且我的原意也不是要大家找出这句话的正确连接词。以上这些尝试的目的在于，如何借由连接词来表达信息与信息之间的明了关系。

广告文案这样润饰后才有力

以下这篇广告文案刊登在某报社的网站上，从中可以找出几个存在"模糊衔接"的地方，包括不是连接词的部分也一样。我们一起来分析和润饰一下吧，应该加上连接词的地方，我会标出序号。

××家电的高性能微波烤箱

××家电的"石窑微波烤箱DT-C400"将于9月1日开始销售！（1）短时间达到适合烹调的温度，烹调时食材美味不流失。（2），（3）配备高功率的加热器和风扇，烤箱内的热量供给比旧机型提升36%。（4）达到使用频率最高的200℃左右的温度，时间仅约5分钟。（5）比旧有机型快3分钟。（6）烤箱烹调和超高温水蒸气烹调的最高温度，各为350℃和400℃。（7）比旧机型各提高50℃。（8）可缩短烹调时间。（9）配备新功能水蒸气

第2章　写出流畅有力的文案

烹调，能配合食材让温度适当保持在35℃～95℃之间。（10）可烤出三分熟和五分熟等不同熟度的牛排。（11）减少因加热而流失的维生素。（12）有金色、银色两种颜色可供选择。（13）开放式价格。（14）但预计店内实际售价在10万日元左右。

很难阅读的文案，是吧？现在我们来逐一检查：

（1）的地方应该表示何种前后关系呢？看起来不像简单的追加。"短时间达到适合烹调的温度"与"食材美味不流失"之间的关系，似乎挺紧密的。假设前者是理由，那么后者就是结果，它们是归结关系。因此，改善方法之一，是"短时间达到适合烹调的温度，**所以**（或"**因此**"）烹调时食材美味不流失。"

不过，还有另一种可能，前者是手段，后者是目的，这样就会变成："**借由**短时间达到适合烹调的温度，烹调时食材美味不流失。"

因果关系与手段关系看起来很相似，到底差别在哪里？其差别在于，是否反映出行为者的"意图"。例如，"他按下开关，所以空调开了"表示因果关系。开关被按下了，所以空调便开始运作，因果关系非常简单，我们感受不到他积极想要打开空调的意图。这里的谓语是不及物动词"开了"。如果句子改成"他按下开关，让空调打开了"，则显然有强调行为者的意图。所以，这一句话呈现出手段关系，谓语用了使役动词"让……打开"。

回到原文，××家电开发微波烤箱的目的，就是要让消费者烹调时食材的美味不会流失，我推断这里是手段目的关系（此处的讨论仅限于插入连接词，我们先不讨论文案该如何写得精简，那放在后面的章节中说明）。

第一段的后半部分，似乎都在说明微波烤箱如何在短时间内达到适当的温度，所以为了让（2）的前后关系可以更加明了，应该要加入"如何在短时间内达到适当温度"。但这样句子太长，改成直接加入解说连接词"具体来说""也就是说"即可。

（3）的地方也是模糊不明，各位读者应该已经发现这里是手段目的关系，所以应该改成："由于配备高功率的加热器和风扇，烤箱内的热量供给比旧有机型提升36%。"

（4）的地方语气没有衔接，不过从"烤箱内的热量供给比旧有机型提高36%"和"达到使用频率最高的200℃左右的温度，时间仅约五分钟"这两句话，可以看出彼此的关系。由于前者是后者的原因，后者是前者的结果，因此二者是归结关系。所以，（4）的地方可以加进"因此"。

第 2 章　写出流畅有力的文案

（5）的地方，"仅约5分钟"与之后的"比旧有机型快3分钟"，应该属于归结关系，像是"由于只要约5分钟"和"因为只要约5分钟"。可是如此一来，在连接的地方归结关系出现太多遍了，所以我们可以将"比旧有机型快3分钟"当作修饰语，搬到"仅约5分钟"之前，变成"达到使用频率最高的200℃左右的温度，时间比旧有机型快3分钟，仅约5分钟"。改成这样，原文中希望强调的"快3分钟"也能够完整传达。

（6）至（11）是附加说明第一段"烹调时食材美味不流失"的卖点，也就是这台微波烤箱的优点。所以（6）的地方，可以再加一个追加连接词"其他优点像是"。

（7）的地方，说明了350℃和400℃各提高50℃这项信息但是没有主语，如果将（7）前面的句号改成逗号，语气就连贯起来了。

（8）为典型的模糊语气，应该好好地用归结连接词来表示："比旧有机型各提高50℃，**因此**可缩短烹调时间。"当然，如果你要改成"所以""结果""于是"等连接词也可以。

（9）的后面在介绍与前面不同的优点，所以放一个追加连接词"不仅如此"。如果说适当保持温度的功能可以烤出不同熟度的牛排，以及"减少因加热而流失的维生素"，那么（10）就是归结关系（加上"因此""所以""结果"）。另外，（11）直接联结前面的烤出不同熟度的牛排，以及后面的"减少因加热而流失的维生素"，所以应该插入追加连接词，像是"同时""以及"等。

（12）至（14）出现很多选项，还有关于价格的信息，看起来不太像是优点。这时候，如果（12）追加的信息重要性较低，那么可以使用"顺带一提"等解说连接词。（13）也是追加信息，可以加进追加连接词"还有"，或者像原文一样省略也无妨，因为颜色和价格之间没有太大的关系。

（14）"……开放式价格，**但**……"的"但"字应该是"转折"的意思没错，所要表达的意思大概是："价格为开放式，也就是说厂商没有期望的零售价，店家要卖多少都可以，不过从批发价到店家的零售获利，一路算下来，（谁）估算店内实际售价在10万日元左右。"

要注意的是，使用这个"但"字之后，是谁来预测店内实际售价是10万日元呢？是制造商××家电、零售店，还是报社的记者？不管是谁的预测，改成"但一般预计"，相对可以停住接收者的追问。

最后，我们重新确认一下润饰后的结果：

××家电的"石窑微波烤箱DT-C400"将于9月1日开始销售！（1）**借由**短时间达到适合烹调的温度，烹调时食材美味不流失。（2）**具体来说**，（3）由于配备高功率的加热器和风扇，烤箱内的热量供给比旧有机型提升36%，（4）因此，达到使用频率最高的200℃左右的温度，时间（5）比旧有机型快3分钟，仅约5分钟。（6）**其他优点像是**烤箱烹调和超高温水蒸气烹调的最高温度，各为350℃和400℃，（7）比旧有机型各提高50℃，（8）**因此可**缩短烹调时间。（9）**不仅如此**，配备新功能水蒸气烹调，能配合食材让温度适当保持在35℃～95℃之间。（10）**因此可**烤出三分熟和五分熟等不同熟度的牛排，**以及**（11）减少因加热而流失的维生素。（12）**顺带一提**，有金色、银色两种颜色可供选择。（13）开放式价格，（14）**但一般预计**店内实际售价在10万日元左右。

重点都写了，但为何读不下去？

因为模糊的句子很好用，作者根本不用思考整个信息的脉络，只需要排列句子就一路写下去，真是太方便了。反正都在讲同一件事、同一个产品，相关的句子总是接得下去，而且乍看之下还似乎有脉络可循。

对于作者来说，没有比这样写文章更轻松的事了，所以忍不住就会这么做。其实，当我疲累的时候，也会不知不觉过多使用前后意义不明确的模糊语句，但是读者就惨了。

075

模糊衔接害人脑筋不转弯

就像上面广告文案一般，用一连串关系模糊的句子来排列信息，根本无法连接意思。或许，作者的目的真的就是这样也说不定。可是，当你全部都用关系模糊的句子来连接，很抱歉，你就无法明了表达出信息之间的关联，信息当然很难传达给对方。大概所有的接收者迅速浏览一遍这种文章后都会觉得似懂非懂，不然就是觉得"这到底在说什么啊……"然后不了了之。

即使有时候信息还是顺利地传达给对方了，但那只是运气好，不然就是对方很聪明，自己能将模糊衔接转换成逻辑衔接，就像我们刚才做的那样。但是，有多少接收者愿意做这件麻烦事？

模糊的语句连接会对接收者造成极大的负担，同时也是信息传递者不负责任的行为。

连接词是文章"通顺"的灵魂

当接收者感到"这份文案真难懂"时，可能有几个原因。首先，你可以从"原来这份文案的目的是什么"这种较大范围的问题开始思考。例如，这份文案最终想要传达的是"记述信息"，是判断某事物优劣的"评价信息"，还是提出某种具体行动的"规范信息"？换句话说，如果信息种类模糊不明，对方便无法在宏观上理解信息。

其次，有时候问题出在构成文章的零件上，也就是个别信息，这意味着对方在微观上的理解出现困难。

有时候对方已经大致理解宏观和微观上的意思，也就是说，每一个零件分开来看都能懂，可是读完整篇文章仍然觉得难以理解，那么这时候问题应该是文章不够"通顺"。

我们常被要求"写文章要通顺"。其实，**"通顺"是具体建立在逻辑连接词上**，因为所谓"通顺"就是指每则信息之间的前后关系。文章通不通顺，全在于你是否能**将每则信息之间的前后关系明了地传达给对方**。

逻辑衔接，减轻接收者的负担

每则信息之间的关系有多个层级。一般来说，如果是商务文案，因为篇幅较长，所以通常由好几个"章"构成，章与章之间的信息都得有关联。章的信息在金字塔结构中属于关键信息。我会在下一章详细说明何谓金字塔结构。而关键信息和关键信息之间的衔接关系，就成为整份文案所展开的宏大故事。

章由多个"分段"构成，每个分段之间的信息必须有关

077

系。每个分段在金字塔结构中属于次要层级的信息。分段由多个句子（句子就是信息，构成文案的最小单位）构成，所以分段的层次发生在句与句之间的关系中。以金字塔结构来说，章与章之间的关系，以及分段与分段之间的关系，为同层级中的横向关系。

除此之外，不仅整份文案的信息与章信息之间有关系，连章信息与分段信息之间，甚至是分段信息和个别的句子之间都有关系。以金字塔结构来说，它们形成了上下不同层级的纵向关系。

总而言之，不管在哪一层级，都会和其他信息互相产生关系。这些关系都要靠逻辑连接词来表达。**思考如何加入逻辑衔接的过程本身，就是一种逻辑思考。**

制作一份通顺的文案，其实就是让句子明了地连接起来的工作。用逻辑来衔接可以让信息之间的关系明了，减轻接收者的负担。为什么呢？因为接收者不必花工夫厘清上下文的关系就可以理解内容。只要正确使用逻辑连接词，对方便可以轻松理解上下文的关系。例如，只要出现"因此"，对方立即知道，你想以前面的根据做出后面的结论。如果你使用模糊的衔接方式，对方就无法确定你到底想要表达追加还是归结，结果造成理解上的负担。

假如使用"借由……"，那么几乎不用思考，对方一下子就能想到你前面会讲到手段，后面会讲到目的。如果使用模糊的衔接方式，对方不知道你到底是想表达追加的信息，还是说出目的，只能继续往下读，再从前后关系中去推断。

总而言之，逻辑表现力的基本要求，就是尽量不要造成接收者的负担。

不动脑袋写出的文章，你看得出来

减轻接收者的负担，意味着加重传递者的负担。为什么这么说呢？因为想做出适当的逻辑衔接，必须对传递的内容有着深刻的理解才行。如果传递者对内容一知半解，就很难掌握信息的前后关系。也就是说，在恰当地加入逻辑衔接的工作中，作者非得填入内容不可。而这项工作，迫使传递者必须动脑思考。

其实，做好逻辑衔接本来就是传递者的责任。沟通的最终目的就在于使对方理解我们的意图。如果什么都依赖接收者自发性的解读，造成对方的负担，这绝非良策。要记住，将信息明了地衔接起来，是传递者的责任。

"用逻辑衔接？这会不会让文章变得生硬啊？"这是我在推广逻辑衔接时，经常被人问到的问题。答案是："绝对不会！"因为文章不是会变得生硬，而是会变得更明了。

我猜会问这种问题的人,应该是习惯于使用模糊衔接(因为这不动脑筋就能完成文章)。对学会逻辑衔接的人来说,一看到模糊衔接的文章,反而会觉得:"这到底在写什么啊?到处都是上气不接下气的句子,主题不明,这根本是代谢异常的文章嘛!"

还有人曾经问过我:"可是在我的印象中,日常会话用逻辑衔接,好像太生硬了……"答案还是一样:"没有这回事!"因为不是变生硬,而是变得更明了。

没错,如果说话的口气像在军中一样,大声地强调衔接的连接词"因为!""因此!""还有!",确实会让听者感到生硬。可是,这种印象是由说话者的语气所传达出来的,并非逻辑衔接原有的属性。当你刻意拉长、停顿、加重,结果就会像选手宣誓一样,尾音拉长,语气听起来相当不自然。

请各位理解,逻辑连接词的活用和一个人说话语调的表现是两码事,是独立的变量。要将逻辑衔接的连接词柔软地融入会话当中,让前言后语连贯起来。

看报纸就可以练习逻辑思考

使用逻辑衔接,就等于在练习你逻辑思考的技巧。磨炼这项技巧,最重要的是靠平时的积累,我建议大家从报纸中做练习。

不知道该说幸或不幸,报纸是模糊衔接的大宝库,可谓是"不知所云句子组合"的嘉年华。每天早上看报纸时,试着找出三个语句衔接模糊的地方,把它转换成逻辑衔接,就当作每天的功课如何?

以前,我在某报纸中,看到下面这一则简短的报道:

美国总统明年一月开始进入第二任的任期,(1)国民年金以及税制的根本改革是优先课题。(2)国民年金将导入确定提拔型的"个人结算",(3)防止高龄化带来的年金财政的缺口。(4)简化繁杂的所得税制,同时继续保持减税路线,(5)长期的经济成长。(6)要努力减少过去最严重的"双重赤字",也就是财政赤字和贸易赤字。(7)在通往实现的道路上,困难重重。

呼!顺利读完了吗?果然是"困难重重"。

(1)是模糊的衔接方式,因为后面的句子"国民年金以及税制的根本改革是优先课题"读完了,你会马上知道它表达的是前一个句子的目的,追加,还是解说关系吗?这个地方插入解说连接词"关于执政"来衔接,会比较合适。

(2)是要详细说明第一句中提到的年金问题,所以应该放入延伸连接词"具体来说"来衔接比较适当。假设年金改革和税制改革这两大课题有先后顺序，你可以改为加入"首先"做连接词。

（3）是典型的模糊衔接。从上下文来看，后面那段话并非简单的追加衔接，导入"个人结算"为手段，而"防止……缺口"是目的，所以应该在（3）加入"以防止"或是"这是为了防止"比较合适。

（4）开始话题转到税制，如果是追加信息，可以用"接着"，如果有顺序，也可用"其次"。

（5）应该不是追加说明，所以插入一个目的性的连接词"为的是"来衔接语气（这里不宜加入归结连接词"因此"，因为任期还没开始，减税能否收到效果还不知道）。

（6）突然冒出来"双重赤字"。读者看到这里会质疑："年金和税制确实都很重要，但是双重赤字的问题也很严重，打算怎么解决这个问题呢？"而信息传递者在此口气一转，回答原本大众就很想质疑的双重赤字的议题，可以使用让步衔接"当然"等。

（7）也是一种语意模糊的衔接方式。在这里，前后句子的关系应该是和让步连接词配成一对的，也就是要用转折连接词，所以我们应该放入一个强烈一点的转折语气词"不过"。

一开始各位或许会觉得很麻烦，不过习惯之后会觉得像在玩解谜游戏，乐在其中。现在来看看顺过语气之后的文章：

美国总统明年一月开始进入第二任的任期，（1）**关于**执政，国民年金以及税制的根本改革是优先课题。（2）**首先**，国民年金将导入确定提拨型的"个人结算"，（3）**以**防止高龄化带来的年金财政的缺口。（4）**其次**，简化繁杂的所得税制，同时继续保持减税路线，（5）**为的是**长期的经济成长。（6）**当然**，要努力减少过去最严重的"双重赤字"，也就是财政赤字和贸易赤字。（7）**不过**，在通往实现的道路上，困难重重。

现在再来读读看，新的政府施政看来没那么"困难重重"了吧！

如果想挑战更高难度的练习，可以听新闻。听主播报新闻，然后在出现模糊语意的衔接时，自己在心里将其转换成逻辑语气的衔接，试着插入追加、归结、手段等类型的连接词，把逻辑衔接做好。看报纸是很好的练习，请尝试看看。

检查完语句衔接，再重新检视全文的脉络

相信现在你已经理解到，加进逻辑连接词来衔接句子，可以使每则信息之间的关系更加明了。但是，就算个别信息的衔接都已明了，也不保证句子会自动变得简单易懂。例如，即使个别信息本身都已经加进有逻辑的衔接，若是文中连续出现"所以""结果""因此"等三四个归结连接词，文章也会变得难以理解。还有，文章中如果连续出现转折，也很难让人读得下去。

这就像指点问路者一样，即使你说得很清楚，但如果一下左、一下右，转来转去，反而容易使他迷路。这时候，多走直线更容易到达目的地，就算距离变长也没关系。所以，除检查个别的衔接是否明了之外，最好再重新检视全文的脉络。逗号、句号就不用说了，**有时甚至要把整个结构重新修改才行**。

2.3 用字具体，表现负责的态度

商业写作，别把解释的责任丢给读者

阻碍明了表现的因素，除主语缺漏、模糊衔接之外，最大的因素莫过于使用过多的抽象表现，像"重新评估""推动""调整"等用语。

抽象表现的问题在于，这么做就是将具体的解释丢给接收

者处理。如果接收者的理解与传递者的理解一致就没问题，可是你不能保证每次都会一致。特别是当你希望对方能采取某种具体行动时，千万要注意，抽象表现完全无法和任何动作产生连接。明了表现的第三个要素，就是具体表现（不要抽象）。

"活性化""多样化"既圆滑又闪躲

商务文案中频繁出现和动作相关的抽象表现，包括：

"……的活性化""……的多样化""重新评估……"
"强化……""确立……""重新建构……""推动……"
"扩充……""调整……""合理化……""稳固……的基础""重新组合……"

这些都是有点不负责任的抽象表现。大概很多读者会这么想："如果这些都不能用的话，那从明天起我什么都写不出来了！"我的意思并非绝对不能使用抽象表现，我想说的是，**抽象表现无法给人一种进入具体行动层次的概念**。如果你只是想表示一个方向性，那么用抽象表现没有太大的问题。

例如，经营者常常对公司内部做出这样的指示："本公司

085

应该强化人才培养体制。"就方向性来说，你很难反对它的内容，但是它具体吗？这种指示其实很空泛。一般来说，人才培养是再好不过的事了。可是，"人才培养体制"具体来说到底指的是什么？还有所谓的"强化"，到底要采用什么样的方法？接收者只听到这些信息，有可能清楚知道自己该如何行动吗？我觉得很难，你们觉得如何？

"赶快调整库存"这句话传达了什么

例如，当你被要求"赶快调整库存"，你真的知道该怎么调整库存吗？调整库存，不外乎就是增加库存或是减少库存吧。但是，要朝哪个方向调整，还有数量、时间等，光凭这句话完全无法传达具体的信息。

假设目前低于正常库存，那就应该增产，才能增补库存；抑或相反，希望库存减少。确实，在关于经济的书籍或报章杂志中，特别是在形容宏观经济时会用到"正在进行库存调整"，而这句话大多用在表示减少过剩库存的意思。可是，"库存调整"这个表现本身却是中立的，也就是不具体。

同样，"生产调整"也是如此，一般多用于减少生产的意思；但是，它本身词性中立，可以解释成增产，也可以是减产。"供需落差"也是如此，这个词汇一般用来形容供给过剩，可是它本身是中立的。以上所举的每一个例子都是抽象表现，所以可以包含很多解释，一般用来表示某种方向性。

因此，有人会以"一般的"表现方式为默认的前提，说出："因为现在供需落差正在扩大，所以得赶紧调整生产，不然没办法进行库存调整！"其实，他真正想要传达的是："现在的供给大幅高于需求，所以商品堆积如山，我要你快点减产，不然没办法减少库存！"

可是，由于他使用抽象信息，因此还留下另一种可能的解释："现在需求大幅高于供给，也就是说现在商品短缺，我要你快点增产，不然库存会低于正常值！"

由此可知，当事者原本想传达明确的信息，但这时候出现两种解释，相当麻烦。

"××性""××力"，滥用让人没性又没力

"这辆车具有优异的安全性""那项商品拥有超群的功能性""她的本性很好"，每一句都是常见的抽象表现。没错，以方向性来说，这些信息每一句都很明确。可是，这些信息包含的"安全性""功能性""本性"，都缺乏具体性。只要一出现"……性"，就是高度抽象性的表现，把它当成范围广泛的主题，大致都不会错。大多数的接收者会有这样的疑问："这个××性，具

体来说有哪些意义？"不要等到被问到了才回答，因为这正是重要的地方，最好一开始就具体说明。

例如，车子的"安全性"指的到底是什么？对谁来说安全，驾驶者还是其他乘客？是后座还是前座安全？是对乘坐的人安全，还是对被撞的人安全？此外，安全的定义可能也是一个问题：它是指以时速××公里正面撞击墙壁时的耐冲击程度，还是指在某个特定速度下踩下刹车直到停下车子所需的时间，或者是因配备了安全气囊或后视摄影机这些装备所以安全？最好在对方提问之前先具体地说明关键。

另外，也要注意"××力"这样的表现。"强化营业力很重要""一定要有向心力、凝聚力""现场力①很重要"这样的主张，每一个都相当正确，但是，即便你连续呼喊这些口号再多次，接收者也不太可能会因此联想到适当的行动上，因为**你没有具体向对方传达该如何行动。**

具体表现可以惊心，可以动情

但是，这并不意味着抽象表现不重要。当我们提及事物的本质时，使用抽象表现确实非常重要。以人作比喻的话，抽象

---

① "现场力"是指在工作现场自主解决问题的能力。——译者

表现就如同人的骨骼一般，光用抽象表现是没有血肉的表达方式。抽象表现可以立刻显露出事物的本质和方向性，是理性的表达方式，但光用抽象表现是难以动摇对方的情绪和感情的。

逻辑思考的根本就是抽象表现，在说服别人时不可或缺。可是，如果从"赋予动机"这个观点来看，具体表现则比较有效。其原因在于，**具体表现可以激活对方的想象力**，借此唤起他脑中庞大的信息。也就是说，具体表现反而可以强烈地唤起对方的情绪和感情。

例如，"一名学生在团队运动时受伤了"这个句子，集合了高度抽象的表现。所以，对方即使头脑理解了，也无法浮现真实感。"D君在学校上体育课，做叠罗汉时骨折了"这样表达，是不是具体得多了？但是，还没到触动情感的层次。

"炎炎盛夏，在第二中学地面又干硬、碎石子又多的操场上，二年（一）班的每个学生身上沾满尘埃，满头大汗地练习叠罗汉。正当他们把人叠到第五层时，在最下面一层支撑的D君右肩忽然发出'咔拉'一声闷响，骨折了。叠在D君上层的学生随着惨叫声，逐一跌落下来。被救出的D君，肩膀被断裂的锁骨刺穿皮肤，骨头凄惨地露在外面。"如果叙述具体到这种程度，我们应该多少可以感受到D君的疼痛。

在写商务文案时，诉诸情感到什么程度才合适，尚有讨论的空间。不过，我希望各位了解到，具体表现确实能达到触动情感的效果。

委婉语法难以提醒"不长眼"的人

委婉语法可以说是抽象表现的亲戚，使用上也要多加小心。所谓的"委婉语法"，是指间接地传达信息给对方。一般来说，委婉语法的作用在于避免具体使用否定的表现。然而，由于委婉语法是间接的，因此可能会招致意想不到的误解，必须多加注意。

我举一个例子。我曾经因为工作的关系，前往客户公司的研习机构，要在新宿换乘电车。过去，在新宿车站转搭前往研习机构的电车时，必须从厕所前面通过。那里不断地播放循环式的录音："现在正在清扫中，请多多协助！"我当下忍不住脱口而出："那是要我现在来帮你扫厕所吗？！"

我在企业研习中说出这段故事时，招来一阵嘲笑："只有你才会做出这么蠢的理解。"那么，请问各位读者，我到底应该怎么解读这句话？它是希望大家采取什么具体行动吗？它是希望大家"现在请不要使用厕所"？"请忍耐"？"请用别间厕所"？"可以使用，但不要妨碍我打扫"？"可以使用，但注意脚滑"？有各种解释的可能。所以，"我来帮你扫"应该也是其中之一，这不奇怪吧？

某位研习学员立刻举手发言："老师，我觉得你说的那些动作都不对。它真正要你做的是'帮我注意一下，不要让其他人进入厕所'，绝对是这样没错。"我真是败给他了！

委婉语法容易招来误会（和趣味）

与不同文化圈的人交谈时，用委婉语法很容易造成误会。原因在于，异文化之间拥有的默契特别少。假使你希望对手采取某种行动，你最好具体说明，具体到自己都觉得啰唆也无所谓。当然，即使是同文化，仍然有不同的亚文化圈。

例如，京都一带算是特有的文化圈吧。假设各位到京都拜访友人，结果不小心待太久了，到了接近傍晚时，刚好肚子也饿了，这时候友人提出了一个邀约："要不要来碗茶泡饭啊？"大家会怎么回答？应该有人会说："哎呀，你问得正是时候，那就麻烦来个两碗……"

其实，这是当地特有的委婉用法，表示"时候不早了，请你回去吧"。不过，我的意思并非只要表现得具体就一定会造成失礼。你可以用尊重对方的态度，然后郑重地表达。切记：无缘无故挑衅对方的感情，并非逻辑表现力鼓励的行为。

2.4　分段：表达多个信息的窍门

段落可以随性，分段不可随性

　　分段是逻辑表现力中相当重要的概念之一。到目前为止，我们学习了如何增加个别信息的明了程度，还有如何让多个信息集合体变得明了，接下来我们要学另一个重要概念——段落。什么是段落？解释如下：

- 长篇文章中，整理过的部分，内含一个主题的一段文字。(《大辞林》)
- 把长篇文章从内容区分出几个小段。也指在形式上空一格后开始书写的段落。(《大辞泉》)
- 所谓的段落是指文章中的一个区块，通常由多个句子构成。段落开头必须空一个字，所以称为段落。(维基百科)

　　除以会话为主的小说以外，很多书通常也都是每一两句就换行，或是空一个字[①]，好像看不到如上述"整理过的部分，内含一

[①] 中文的习惯是空两个字。——编者

个主题"所形容的段落，反倒有点"我还要继续说，但先从这里开始换行吧"这样的感觉。实际上，我们看到的**段落并没有反映出"文章中的一个区块"这样的概念**。

当然，从版面设计上看，换行空格是为了减轻读者视觉上的负担，其实本书中到处可见这种设想。

分段：更加严格定义的"段落"

所以，"分段"的概念必须更严格地加以实践。它的概念应该是：**在一个主题下，由整理过后的多个信息所形成的一个区块（可由几个段落形成一个分段）**。就逻辑表现力而言，就是反映"单一信息"的金字塔结构：主张、信息、事例。我们先分析错误的示例。这个例子是某家网络从业者因为请款单处理失误，向几百万会员表示道歉的文案。以下节录其中一小段：

发生的原因是中心处理账单数据失误。以往部分数据库的使用费均延迟一个月请款，但是从今年4月起，我们改成在当月请款。因此，4月的请款单包含3月和4月的使用费。而5月的请款单，原来应该只有5月的使用费，可是又算进4月的使用费。

多数会员看到开头"发生的原因是中心处理账单数据失误",大概会想到接下来的内容是解释请款单为何会发生问题。也就是说,接收者期待的是得到"失误原因"的具体说明,像"所谓中心指的是哪里"和"数据处理的失误是什么"。可是,接下来出现的是"以往部分数据库的使用费均延迟一个月请款,但是从今年4月起,我们改成在当月请款"。

这则信息与"说明原因"相去甚远,只不过在叙述造成失误的背景而已。会员中对会计或财务内行的人大概都知道,从业者更改请款单的计算时间,为的是有利于自己在资金上的调度。"什么嘛,原来搞成这样,是为了让自己在资金调度上更加宽裕!"想必了解内情的人心情一定很不好。无论如何,以上的叙述并没有说明原因。

正当大家更加关心"原因是什么"时,没想到后面又出现了难以理解的叙述:"4月的请款单包含3月和4月的使用费。而5月的请款单,原来应该只有5月的使用费,可是又算进4月的使用费。"这些绕来绕去的说明,说穿了就是他们重复计算了一次4月的使用费。可是,这也不是失误的原因。这一段在说明发生了什么样的失误,也就是失误的内容。

如此看来,这一个"分段"传递的信息是:从业者一边暗示大家,他们要说明原因,却又不真正提及,只在失误发生的背景和内容上打转而已。从传达单一信息的标准来看,这个分段还有大幅改善的余地。唯一值得称赞的是它的篇幅，也就是字数，大约只有120个字，刚好可以自成一个较短的分段。

分段就是以完整区块传达单一信息

接下来我要举一个可以反映分段概念的例子。虽然称不上完美，不过当作范例绰绰有余。

接受变化需要时间

例如，刚搬完家的人，头几天下班回到家后，一定会忽然意识到："对喔，我已经搬家了。"据说大约需要三周才会习惯。即使人在意识的层面已经认识、了解状况的变化，但完全渗透到潜意识还需要一点时间。泡沫经济崩溃的结果，就是造成房地产价格的下滑。即使房地产所有者理解这个事实，也很少有人能立刻接受。接受状况的变化需要一段时间。而交涉也是一样，对方接受新的点子或者交涉环境的变化，都需要时间。换句话说，要经过一段适应期。

在分段一开始，就有一个标题"接受变化需要时间"传达出信息。这叫作"引导信息"，或者"标题信息"。总而言之，它的作用就是提前传达分段的信息。有时候，引导信息会直接穿插在文中。

例如，刚搬完家的人，头几天下班回到家后，一定会忽然意识到："对喔，我已经搬家了。"据说大约需要三周才会习惯。即使人在意识的层面已经认识、了解状况的变化，但完全渗透到潜意识还需要一点时间。

以上这一小段是证实单一信息的事例。提出事例的同时，你可以更详细地表达单一信息。

泡沫经济崩溃的结果，就是造成房地产价格的下滑。即使房地产所有者理解这个事实，也很少有人能立刻接受。接受状况的变化需要一段时间。

同样，这一小段也是证实单一信息的事例。在提出事例后，它能更详细表达单一信息。承接刚才的事例加上信息的形式，跟前面刚好形成一个对句。

而交涉也是一样，对方接受新的点子或者交涉环境的变化，都需要时间。换句话说，要经过一段适应期。

整篇文字当中，作者最希望传达的信息并非搬家，也不是房地产，而是关于交涉的话题。从前面两个不同领域所做的行为类推，都是为了最后确认关于"交涉"这个单一信息。换句话说，整个段落的叙述都是为了证实"接受变化需要时间"这项引导信息。并且在分段的最后，用了几乎和引导信息一模一样的信息，只不过再做一次确认罢了。这就是分段的基本形式。

相较于"段落"的模糊观念，"分段"是**传达单一信息的完整区块**。分段中各句除了信息都要很明了之外，最重要的是，整个区块，即"分段"本身，也必须清楚明了才行。

你可以自己演练

一、练习题

问题一：替换逻辑衔接

将句子中加下画线的"模糊衔接"之处，加上逻辑连接词。

1. 律师指出，专利说明的部分并未表示出"原有技术"，

____ 违反两家公司的主张。

2. 本制度在欧洲已经行之有年，____ 美国决定以州的层级导入这项制度。

3. 工厂原本预定明年度完成排水管线建设，____ 近邻末端水管的农家出现反对声浪，____ 交涉没有进展，____ 完成的排水管线不到全部的两成。

问题二：模糊连接词的修正

将下面原文中出现的模糊连接词，修改为读者易懂却又尊重原文脉络的格式，句号和逗号等可以视情况一同填入。

原文（修改前）：

为了促进对方理解，最重要的是我们的主张一定要明了（a），因此，实践三原则很重要（b），我们表达主张的句子中要有明确的主语和谓语（c），每当遇到句与句的连接处，必须（d）使用逻辑连接词，让信息明确产生关联性（e），在避开抽象概念的（f），将信息具体表现出来也很重要（g），明了表现与其说是日语或英语的问题，倒不如说为超越语言使用的课题（h），问题出在使用语言的人身上。

二、解答与说明

问题一：替换逻辑衔接

1. 例1：律师指出，专利说明的部分并未表示出"原有技术"，<u>因此</u>违反两家公司的主张。（顺承论证归结）

   →因果关系。前者为因，后者为果。

   例2：律师指出，专利说明的部分并未表示出"原有技术"，<u>换句话说，</u>违反了两家公司的主张。（顺承附加解说）

   →二者主张的内容虽未获得解答，但在意思上比原文明了多了。

   例3：律师指出，专利说明的部分并未表示出"原有技术"，<u>而且还</u>违反了两家公司的主张。（顺承附加追加）

   →前后关系薄弱，提示独立的追加信息。

2. 例1：本制度在欧洲已经行之有年，<u>因此</u>美国决定以州的层级导入这项制度。（顺承论证归结）

   →因果关系。前者为因，后者为果。

   例2：本制度在欧洲已经行之有年，<u>不仅如此，</u>美国决定以州的层级导入这项制度。（顺承附加追加）

   →前后关系薄弱，提示追加信息。

   例3：<u>尽管</u>本制度在欧洲已经行之有年，<u>但是</u>美国决定

以州的层级导入这项制度。（逆接反转）

→覆盖前半部分的用法。表示虽然迟了些，但总算开始做的意思。

3. 例1：工厂原本预定明年度完成排水管线建设，<u>但是</u>近邻末端水管的农家出现反对声浪，<u>因此</u>交涉没有进展。<u>结果，</u>完成的排水管线不到全部的两成。（逆接反转、顺承论证归结、顺承论证归结）

→反转、归结、归结这样的程序，一次用一句话来表示太过复杂，所以中间用句号分开。这样做除了让衔接更加明了，达到演练课题的目的之外，同时还有个好处就是更清楚表示只完成两成便停滞的"排水管线"。

例2：工厂原本预定明年度完成排水管线建设，<u>因此</u>近邻末端水管的农家出现反对声浪，<u>由于</u>交涉没有进展，<u>所以</u>完成的排水管线不到全体的两成。（顺承论证归结、顺承论证归结、顺承论证归结）

→不建议连续三次都用归结，请当作套用原文流程的一个范例。

问题二：模糊连接词的修正

为了促进对方理解，最重要的是我们的主张一定要明了（a）<u>。</u>

第2章　写出流畅有力的文案

因此，实践三原则很重要（b）。首先，我们表达主张的句子中要有明确的主语和述语（c）此外，每当遇到句与句的连接处，必须（d）借由使用逻辑连接词，让信息明确产生关联性（e）。再者，在避开抽象概念的（f）同时，将信息具体表现出来也很重要（g）。其实，明了表现与其说是日语或英语的问题，倒不如说为超越语言使用的课题（h）。换句话说，问题出在使用语言的人身上。

第3章

你的思想如何以精彩文案呈现

表现思考的技巧,你能运用自如吗?

- 金字塔结构:逻辑思考的核心技巧
- 信息的设计:我要表现什么?用哪种表现技巧?
- 用什么信息做什么推论
- 摘要法:把"多个"具体信息整理为"一个"抽象信息
- 抽象化,化繁为简的技巧
- 自上而下法
- 主题金字塔,解析的利器
- MECE的技巧,意义在于"思虑周延"
- 你可以自己演练

在这一章里，我们将以前面学到的信息种类与表达方法作为基础，学习如何设计信息。除明确表达个别的信息之外，我们还要能够设计整份文案。因此，像金字塔结构、结论法、推论、摘要法、抽象化、设定主题等许多思考表达的技巧，我们都将逐一学到。

3.1 金字塔结构：逻辑思考的核心技巧

商务文案必须结构完整

提案书也好，委托书也好，很多人在写商务文案之前经常不经斟酌，总认为反正先把要表达的想法一条一条写出来再说。如果你也这么想的话，那可就大错特错。原因在于，太急于将自己的思考转化成文字，会导致文章的发展一点一点地偏离方向，最后变成主张模糊、脉络不明的文案，到了要重新修改一份粗糙的文案时，反而花费更多的力气。

"速成作"是没有效率的做法。所以，一开始应该先画好设计图，接着才制作文案，就比较有效率。没有人盖房子是想到哪就盖到哪而不事先画设计图的。制作文案也是一样，最重要的就是设计图。而最有效的文案设计图，就是金字塔结构（金字塔原理）。

金字塔结构：一件事情要想到三层

金字塔结构就是依照层级来配置主题或信息的图表。我稍后会再说明"主题金字塔"，我们先来了解什么是"信息金字塔"。

在信息金字塔的构图中，把最想传达的信息放在最上层，这则信息称为"主要信息"。例如，你正在制作的文案为提案书，那么最终的提案信息就是你要放在最上层的主要信息。

主要信息之下，紧接着的是"关键信息"。假设文案是以章构成，那么每一章的信息就是关键信息。如果是提案书，提案中的背景、优点、风险、实施的体制等就是关键信息。

从关键信息再往下一层，则是"次要信息"。如果说关键信息等同于章，那么次要信息就是构成章的分段信息（几个段落形成一个分段，每个分段都有标题）。

在逻辑表现力中，你必须**在基本逻辑的主张之下有根有据、条理分明地铺陈出确实的叙述**。金字塔结构就是这个基本形式的扩大版，你的主张就是主要信息，你的根据就是关键信息，条理分明。

通常在金字塔结构中只需推想到第三层的次要信息。只要不是太长的文案，这三层已经非常够用。当然，如果要针对次要信息进行说明，那么可能会出现"次次要信息"。"次"越多，范围就越广。理论上，金字塔结构可以一路扩展下去，但如果只是要设计简短的沟通，那么只需要"主要信息"和"关键信息"这两层便已足够。

金字塔分两种：并列型和直列型

金字塔在结构上可分为"并列型"和"直列型"（图3-1、图3-2）。并列型的结构，就是下层信息各自独立，并且支撑上层信息。在这个结构中，任何一个下层信息都和上层信息有直接关系，同时上下层信息的纵向关系较强，而下层信息之间的横向关系较弱。

直列型的特征在于，下层信息之间的横向关系较强。在这种结构中，下层信息之间有强烈的序列关系，但是只有最后面（通常为最右侧）的下层信息支撑着上层信息。适合使用并列型还是直列型的结构，是根据引导出信息的方法而定，这大致有个规范。

用金字塔结构来表达的好处

设计商务沟通的内容时，使用金字塔结构的好处非常多。

第一个好处是，整体的逻辑结构可以有视觉上的俯瞰效

图 3-1　并列型金字塔

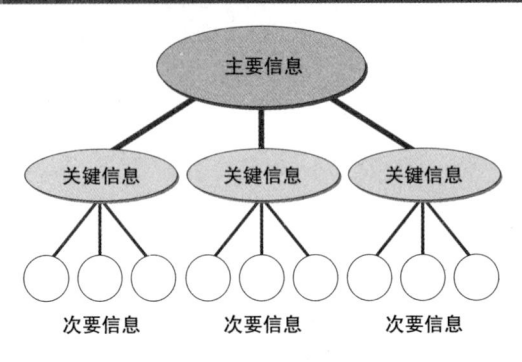

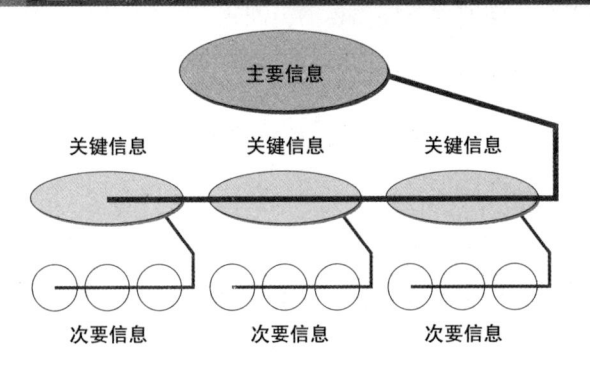

图 3-2　直列型金字塔

果；必要时也可以立即确认细节。换句话说，你可以同时见树又见林。

第二个好处是，可以列出每个层级的信息，并且比较彼此之间是否具有统一性。不管是关键信息还是次要信息，只要属于同一层级，都可以立即检查里面的信息量、信息种类、抽象度、表现风格等是否统一。由于在使用上十分便利，所以，建构金字塔结构已成为每个商务人士（尤其是经营顾问）应该具备的技能。

专业的沟通：先确认双方主题在同一层次

金字塔结构中的层级名称，诸如"主要""关键""次要"其实是相对的概念。例如，某提案书的结论信息为"本公司应该并购Z公司"，而其中有一章信息叙述并购的理由："因为Z公司拥有对本公司未来发展不可或缺的技术。"如果把这个结论放在主要信息的话，那么章信息在金字塔结构上属于"根据"，则应该放在关键信息的位置。

假设在别的金字塔结构中，最上一层的信息放上了"因为Z公司拥有对本公司未来发展不可或缺的技术"，那么这则信息在这个金字塔结构中就变成主要信息了。

因此，在团队工作中**为了避免误会，一定要互相确认彼此讲的是同一层次的东西**。例如，当有人说"主要信息"，那么他是指整份文案的金字塔结构顶点、也就是最终的主要信息呢，还是从整体金字塔结构中选出特定部分当作另一金字塔结构中的顶点（从整体的位置来讲，它属于次一级的关键信息）呢？

109

3.2 信息的设计：我要表现什么？用哪种表现技巧？

信息设计的模式：自下而上、自上而下

了解金字塔结构的基本原理之后，接下来我们要学习如何实际设计信息。金字塔结构中的信息设计有两种基本模式：自下而上法（Bottom up），自上而下法（Top-down）。

首先，我先解释自下而上法。就如其名，自上而下法的设定为一般三段式金字塔结构，由金字塔底部的次要层级开始，依序往上为关键层级，一直到最顶层的主要层级。自下而上法就是要将位于下层的信息群往上精炼，成为上层的信息（图3-3）。

自下而上法：将信息分群组

自下而上法，见图3-3，首先要根据一个足以涵盖整体的主题，尽可能想出许多次要信息，并逐条列出来。然后，要搜集（或归纳）信息作为素材。由于都是数据性的，因此就种类来说多半为记述信息。

接着将搜集到的次要信息，依照关键主题的类别分到各个群组。接着，再精炼出各类关键主题的信息，而这些已经依照

图 3-3　自下而上法

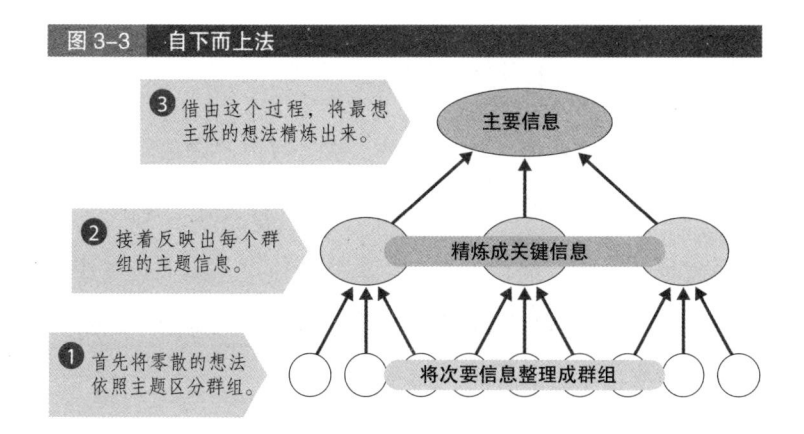

❸ 借由这个过程,将最想主张的想法精炼出来。 → 主要信息

❷ 接着反映出每个群组的主题信息。 → 精炼成关键信息

❶ 首先将零散的想法依照主题区分群组。 → 将次要信息整理成群组

关键主题分门别类的信息,自然成为关键信息。最后,再整理关键信息群,引导出一个主要信息。

光听到"自下而上法"这个名称,可能不会发现它的流程就是:搜集个别信息之后,再依照主题分配给各群组。其实,我们平时就常使用这种思考方法,将事物依照概念分门别类,这可说是人类理性思考的原点。你现在已经知道个中意义,往后便能用更简洁、更有效率的方法来处理事情。

先给主题命名,再将信息分组

区分信息并划分群组的前提是,你必须先想出适切的群组主题。举例来说,像关于椅子、桌子、衣柜的信息,都可以归类在"家具"这个主题之下；但是，如果从功能的观点来看，这些东西应该很难分在同一组。

相对地，宝特瓶、碗、油桶，都可以用"容器"这个功能作为主题，分成同一组；但是，如果主题改成"素材"，就很难分成同一组。总而言之，一定要先设定主题之后再开始区分信息，就处理顺序而言，应该先分辨主题类别（这个主题是可以概括所有信息的），再划分群组。

我们已经在第1章中学到主题的概念。现在，我们先假设有好几个信息已经根据主题类别而分配到各群组，然后我们要从各群组信息中精炼出上层信息，接下来要学的就是这项技巧。

自下而上，导出信息：结论法和摘要法

我们开始学习如何从下层信息群引导出上层信息，见图3-4。

不管是从次要信息精炼出关键信息，或是从关键信息萃取出主要信息，自下而上法的信息设计与信息所处的层级无关，都是从下层的信息群引导出上层信息的过程。采取的方法有两种：**结论法**和**摘要法**。虽然二者之间有一些灰色地带无法归类，不过在大多数的情况下，都能用这两种方法来区分清楚。

图3-4 引导出信息的方法

精炼出每个主题(群组)的信息。
有两种方法：**结论法**和**摘要法**。

针对每个主题不断重复问
"So What?"
（所以呢？然后呢？）

作为容器的主题
个别的信息

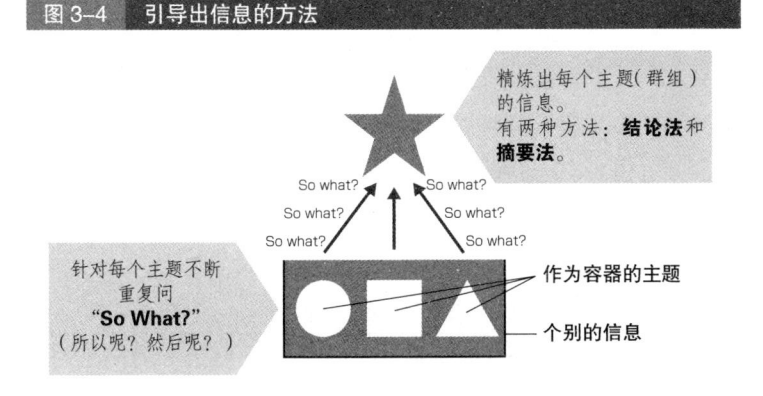

"结论法"和"摘要法"，都是我们平常在无意识下进行的思考活动。如果可以理解这些活动运作的本质，就能提取出更适当、更具说服力的信息。

下结论：将信息划分群组后，"因此……"

"结论"是你最终希望被传递出去的信息。而"下结论"就是根据处理过的下层信息群推论出归结信息。就逻辑表现力而言，**由推论引导出结论的步骤，称为"结论法"**。而结论法的意思约等于"论证"。

所谓的"结论法"，就是解释下层信息群中尚未被凸显出来的上层信息，并将其提取出来的过程。重点在于，以下层信息群作为根据，做进一步的解释。也就是说，若推论的准确率

113

不高,便无法称为结论,只不过是跳跃式的信息罢了。结论是一种归结信息,所使用的连接词为"因此"。意思是,在下结论时,一定要不厌其烦,针对经过群组处理的下层信息反复确认"因此呢""因此呢""因此呢"。例如,在"今天的天气预报"这个主题之下:

　　西边的天空布满乌云
　　昨天晚上的月亮有一圈月晕
　　早上池边的青蛙不停地喧哗
　　近来将进入梅雨季
　　根据天气预报,午后会下雨

　　如果将这五则信息群组化,设问"因此呢(所以呢)",应该会有很多人推论出一个结论:"今天会下雨。"
　　像这样,**没有跳跃感,进一步做出高准确率的推论,就是适当的结论**。不管从哪一则下层信息来看,都能当作支持这个结论的根据。假设同样从这些信息中做出以下推论:

　　应该有很多航班会取消飞行吧
　　应该会有很多台风

这样的结论就让人觉得有跳跃感，说服力不高。虽说这些情况都有可能发生，但从现有的信息来看，这些信息并非经由可靠的根据所做出的高准确率推论。

根据可见范围内的信息下结论

我们再来看下一则主题为"市场的未来"，划分为群组的信息有五则：

（1）由于管制放宽，企业间微妙的共存状态逐渐瓦解
（2）许多外资企业也强烈关注加入市场一事
（3）退出的成本太高，很难转换从事其他行业
（4）今后，管制应该会继续放宽
（5）无法期待未来的市场会有急速成长

试问"因此呢"之后，多数读者应该会做出这样的结论："未来市场的竞争将更加激烈。"这是怎么推论出来的，我们试着分析每则信息。

从（1）的"由于管制放宽，企业间微妙的共存状态逐渐瓦解"中，可以推论出："以前那些被管制的公司，现在也可以加入市场。因此，参加的企业数量会增加，打破特许经营所

造成的共存现象。"

从（2）的"许多外资企业也强烈关注加入市场一事"中，可以推论出："有兴趣的外资企业进入市场的概率颇高，因此企业数量会增加。"

从（3）的"退出的成本太高，很难转换从事其他行业"中，可以推论出："既然无法轻易退出，因此只要公司没倒，企业数量并不会减少。"所以，至少从前三则信息中我们已经能够推论出："该市场的企业数量可能会增加。"但是，即便企业数量增加了，也无法光靠这些信息就断言"竞争将更加激烈"，因为这样做会让人有跳跃感。所以，还要做更深一层的推论才行。

例如，（3）的"退出的成本太高，很难转换从事其他行业"，如果真的很难退出市场，我们可以推论每家企业都会打算"拟定策略咬紧牙关，直到撑不下去为止"。如此一来，市场竞争就更加激烈了。

还有，从（1）的"由于管制放宽，企业间微妙的共存状态逐渐瓦解"，可以推论出："因为管制越来越少，所以企业可采取的策略也会增加。"特别是（4）提到"今后，管制应该会继续放宽"，可以知道情况更是如此。这些都可以推论出市场竞争将会更加激烈。再加上我们可以从（2）的"许多外资企业也强烈关注加入市场一事"知道"外资企业可能会将在海外所累积的各项策略经验积极运用在日本市场"。

以上的推论，全部都在支持一个信息，那就是"未来市场的竞争将更加激烈"。

搞清楚老板要你做假设还是做结论

无论企业数量再怎么增加，假使买方所形成的市场也跟着急速扩大的话，那么卖方的竞争不一定会变得激烈。然而，"（5）无法期待未来的市场会有急速成长"这一条信息降低了这个可能性。因此，综合来看，用结论法可以得出"未来市场的竞争将更加激烈"的推论，而这并没有太大的跳跃感，应该所有的接收者都能接受。

但是，如果将（1）至（5）的信息作为根据，然后推论出"未来在日本市场，企业并购将更加活跃"，或是"未来在日本市场，与外资合作的机会将会增加"等，那么就是**过度推论，会让信息接收者觉得结论太过跳跃**。虽然这些推论未来在日本市场都"有可能发生"，不过是否可以从群组（1）至（5）的信息当中准确地推论出来，答案是"不"。因此，如果想要让这些主张更具说服力，还需要更多的追加信息才行。

含糊带过的结论小心被行家揭穿

那么,再看看以下的推论:

未来日本市场会发生巨大的变化
未来日本市场的经营环境会更加艰难
未来企业经营者将更加难以掌握方向

如何?这些都是好的结论吗?如果被问到:"有错吗?"我不能一概说错。事实上,市场确实发生了巨大的变化,经营环境也可能更加艰难,至少并不乐观。总的来说,企业经营者十分有可能更加难以掌握方向。

虽然没有错,但是这些推论或结论都不是逻辑表现力要求的正确答案。原因在于,这些结论虽然方向性没错,不过内容含糊不清。当然,如果刻意含糊带过,自然有它的效果。但是从已设定的(1)至(5)的信息群来推论,应该可以表现出一定程度的具体性才对。

表现得含糊不清,很容易引发对方具体的疑问,像:"巨大的变化,具体来说是多大呢?""经营环境的恶化,是前述哪个原因所导致的?""为什么企业经营者将更加难以掌握方向?"。若是被问到这些问题,答案的共通点会指向"竞争更加激烈"。

即便推论的方向没错,也最好不要含糊带过,除非你有其他的意图(故意不讲)。相反地,推论也不要太过具体(例如做出"半数企业因此无利可图"的推论)。最好是从可见的信息群中推论出没有跳跃感且相当具体的结论。

逻辑思考也欢迎做假设

从可见的信息群自下而上推论出上层信息之后,再做更进一步的解释,并引导出没有跳跃感的信息,这种准确地引导出推论的过程就是透过逻辑表现力来下结论。

或许有人会问:"那么,这种推出结论的步骤,与所谓的'假设性思考'有什么关系?"这确实是个好问题。

从结论来说,通过逻辑表现力来下结论的方法,并不否定"假设性思考",二者之间也没有矛盾,只是二者的思考步骤目的不一样。**所谓"假设性思考",是指从零碎的信息中特意进行跳跃性的推论,借此迅速做出"假设结论"的思考法。**换句话说,假设性思考在逻辑上是鼓励跳跃的**理性工作**。接下来,我们会更进一步解释何谓假设性思考。

你得能区分做假设还是下结论

例如，有以下的信息：

(1) 制作A公司的产品的必要原料，价格高涨
(2) A公司的工厂所使用的燃料，价格上升
(3) 同时期，A公司的员工获得大幅调薪

如果将以上的信息作为材料，试着做假设性思考，也就是请你积极进行跳跃性的推论，结果会是如何？我想可能会出现很多有趣的假设。例如，"A公司一定是很赚钱的公司"是否非常富有想象力？推出这个结论的思考过程，大致如下：

"既然原料和燃料的价格都上涨，那么A公司的整体成本必定也会上升。在这种成本高涨的情况下，还可以提供员工大幅度的调薪，表示A公司一定获取巨额利益，不然绝对做不出这种事。"

诚如各位所见，这个结论太过跳跃，这则推论要成立的概率并不高，假设性思考就是这样的思考方式。如果有所认知，**一开始就知道自己做的是假设性思考**，就不会有任何问题。但是，如果没有意识到这一点，深信"我正在做出正确的结论"，那就是大错特错。"A公司一定是个非常赚钱的企业"只不过

是个假设，并非通过逻辑表现力所做出的结论，因为它太过跳跃了。同样，如果做出以下的假设，又是如何？

A公司未来会大幅调涨产品价格
未来A公司的利益会大幅减少
未来A公司的股价会下跌

确实，每一则都相当有趣，也都可以当作暂时性的结论。但重点是，每一则都是一种"假设性"的结论。如果把这三个假设，当成依照（1）至（3）则信息所推论出的最终结论，那还是太过跳跃，欠缺说服力。

最终结论应避免跳跃感

最终结论最重要的就是不要有跳跃感——好像是突然蹦出来的。我们要从下层信息群中高度准确地引导出结论。例如，从前述的三则信息：

（1）制作A公司的产品的必要原料，价格高涨
（2）A公司的工厂所使用的燃料，价格上升
（3）同时期，A公司的员工获得大幅调薪

引导出逻辑表现力所要求的结论，会得出"A公司的产品制造成本，似乎会增加"的结果。

但是，(1)至(3)中的原料费、燃料费、员工的人事费，就涵盖了所有的制造成本吗？似乎不尽然。假设高额折旧的年限到期，那么整体的制造成本或许会下降。即使有例外的事项，只要不坚决加上"一定如此"，那么"A公司的制造成本会上升"的推论仍然有说服力。

可是，如果改成"A公司的总成本会上升"，那么就会有跳跃感，变得比较没有说服力。原因在于，只凭(1)至(3)的信息不太可能涵盖所有成本。如果以分数来表示，分子就是(1)至(3)的信息，分母就是数值更大的全体，最后出来的结果就是分数变得更小，意思就是不精准。

要提升说服力，就要将分母变小，也就是将成本限定在制造成本，如此分数的数值就会变大，换句话说，借由提升已知信息的涵盖率，就可以增加说服力。当然也可以分母不动，但增加分子的数值。或者双管齐下，分母减少，分子增加。

如前面所述，在比较"A公司的制造成本会上升"与"A公司的总成本会上升"的时候，如果前提设定为前面提示的三项根据，那么从说服力的观点来看，前者"A公司的制造成本会上升"应当获胜。

如果要彻底省略推论，那就必须罗列出所有主要的制造成本，然后证明它们全部都会上升。以刚才的例子来说，就是必须增加分子的数值。相反，如果前提只提供了部分信息，那么推论出的信息也只得做出让步，变成"A公司主要的制造成本上升"。如此一来，虽然逻辑性提升了，不过可惜的是信息性变得很薄弱，有点接近稍后要说的"摘要"信息。

总而言之，**特意进行跳跃性思考的假设性思考，以及从限定推论中得出结论的结论法，是两种不同的思考方式，不可混为一谈**。而结论法所得出的结论，是跳跃性最低的信息。

3.3 用什么信息做什么推论

结论法是一项推论的工作，其中特别要注意的陷阱是"跳跃性"。所谓"结论法"，就是将特定信息作为结论，然后论证这项特定信息的工作方法。论证的过程，本质就是推论。

在前面的章节中，已经介绍过信息有三种：记述信息、评价信息、规范信息。信息种类不同，结论法的工作方式（即论证方式）也随之不同。

- 记述信息：使用因果论证法与实证论证法
- 评价信息：根据评价条目或评价标准来论证

- 规范信息：行动原理的论证方法

接下来，我简单说明一下不同信息种类的论证方法。关于应用的部分，将会在第7章中详加说明，我会运用"命题"这个桥梁来连接根据和结论，帮助你学会增加说服力的方法。

"记述信息"如何推论：因果法和实证法

记述信息的论证方法分为两种：**以理由来说明的因果论证法，以及用统计和经验来说明的实证论证法。**

假设我们要论证一则记述信息："这个宝特瓶的容量为330毫升。"为了方便计算，我们先假设这个宝特瓶为一个圆柱体，可以先测量它的尺寸，然后将瓶内部底面积乘以高，就可以计算出容量，这就是**用理由来说明**的论证方法，也就是因果论证法。

另外，还有一个更简单且具有说服力的方式，就是实际注入水来测量，这便是经验型的实证论证法。除此之外，我们也可以搜集很多相同的宝特瓶，"由于其他的宝特瓶都是330毫升，毫无例外，因此这个宝特瓶应该也是330毫升"，这就是统计型的实证论证法。还有一种是"对宝特瓶相当了解的A、

B、C三个人，都说这个宝特瓶是330毫升"，这便属于证言型的实证论证法。

根据评价条目和评价标准，做出"评价信息"的推论

评价信息表现出的是一则表达优良（不优良）、重要（不重要），以判断好或坏的信息，论证方法必须基于某种价值观的评价条目或是评价标准来进行论证。例如，要论证"A是优秀的人才"这则评价信息，我们必须找出判断人才优秀与否的评价条目，然后说明A是否符合该评价条目，作为论证的根据。

进行评价性论证的结论时，必须基于评价条目和评价标准，也就是要有理由，所以它也算是一种因果论证法。如果要论证"Z公司的员工A很优秀"这则评价信息，我们也可以用实证论证法："因为Z公司的其他员工B、C、D都很优秀"。不过，这只是间接论证，说服力比较弱。因此，还是评价性论证比较具有说服力。

"规范信息"的背后一定藏有行动原理

规范信息，就是促使某人采取某个规范行动，或是促使事物变成某个规范状态。**规范信息的论证必须根据行动原理来进行。**规范信息的背后一定存在某种行动原理,这一点,在第1章中解说规范信息时已说明过了,在第7章中还有更详细的解说。在论证规范信息时,最重要的是必须意识到潜藏在逻辑背后的行动原理,然后判断对方是否也同样重视它。

3.4　摘要法:把"多个"具体信息整理为"一个"抽象信息

接下来,我要介绍自下而上法中另一个导出信息的方法,就是"摘要法"。如果说结论法是从无到有,那么**摘要法则是抽取出潜藏在事物背后的共通本质**。也就是说,摘要法是从信息群组中抽取出共通的本质,借此减少表达的字数的方法。

这个方法最为核心的步骤,就是将具体的信息抽象化。换句话说,表现逻辑思考的摘要法,就是提升下层信息群组的抽象层次,以大量减少字数的一项工作。当然,有时候做摘要的最终目的,便是要去除重要性低的信息。摘要法的核心工作,其实就是借由抽象化来减少字数,但是,去除、省略并非摘要的本质。

换句话说,**把多个具体信息整理出一个抽象性的上层信息，即为摘要法。假如只是把一个具体信息转换成一个抽象信息，那么与其说它是摘要法，不如说它只是单纯的抽象处理而已。

信息这么多，你得一句话抓住全部

请回想在第2章中讨论过的追求明了表现的第三个要素：具体表现（不要抽象）。在第2章中，我要求大家将个别信息的抽象表现，转换成更具体的表现。例如，"希望调整生产"这个抽象表现，要转换成具体表现"希望减少生产量"。但是，摘要法的核心工作——抽象化，刚好与这个方法完全相反。也就是说，**要从多个下层信息当中找出能表现出共同本质的一则信息**。单一的信息要具体，但很多信息成为群组时，则要透过抽象化来找出它们共同的本质。例如：

（1）X公司的产品价格一律上升10%

（2）相反地，Y公司则一律调降5%

（3）Z公司似乎仍然在观望中

上面三则信息位于金字塔结构的下层。其中，具体表现有"上升10%""调降5%""在观望中"。

当我们做摘要的时候，要找出包含这三种状况的抽象表现。一个可以当作摘要法范例的解答是：各公司都在调整价格。因为"上升10%""调降5%""在观望中"这三种具体表现，都可以纳入"调整价格"的共通本质之下。当然，"各公司正在重新制定价格"这个答案也不错。

抽象思考的摘要，不是删除而是萃取

第1章说明了主题的概念，当时我们从多个信息当中，自下而上推导出主题，其目的在于设定主题（主题并非句子），所以我们没有讨论到信息（信息是主语、谓语关系明了的句子）。

可是，现在我们进行的这项步骤，其本质是为了从多个具体信息中萃取出一则共同的精华，也就是进行抽象化的工作。这时候，我们必须顾虑到信息：要把多个信息变成单一信息——主语、谓语明了的句子。二者的工作方式相同，但是摘要法不是寻求主题，而是表现出主语与谓语关系明了的信息。

重点在于，摘要法不是与下层信息群组中的信息割裂开来，也不是省略。其原因在于，有不少人一听到要从大量信息中做出摘要，或者听到要进行抽象化的工作，就大刀阔斧地到处删除信息。这就像我们希望他摘要出天体中的地球，结果他将地球进行物理性的切割，结果只交出一颗小石子。

摘要法并非如此。摘要法是抽象化的步骤，就算失去细节，对象的本质仍要明了。换句话说，**抽象化就是将事物模型化的工作**。以刚才地球的例子来解释，就是把真的地球摘要成地球仪，而地球仪就是地球的模型。因此，我们可以省略细节的信息，但即使删除了细节，地球仪仍然明确给人一个地球的印象。

例如，有一则信息："A喜欢拍摄知床硫磺山、富士山、浅间山、阿苏山、樱岛、普贤岳、三原山等地的照片。"简言之，A喜欢拍什么样的照片呢？这些地名的共通本质如何？答案是：这些山全部都是火山。进行摘要之后，就变成："A喜欢拍摄火山的照片。"相较于罗列具体的信息，摘要法不仅可以大幅减少字数，更能明了地传递信息的本质。

抽象化是脑力工作者必备的思考技术

逻辑表现力中的"摘要法"，就是将下层信息浓缩得更为抽象。对于从事抽象化工作的脑力工作者而言，逻辑表现力是非常重要的关键技巧，因为他们必须时常跟混合着抽象信息的案例打交道，并且要以明了的方式来表达。

可惜的是，虽然摘要法很重要，但印象中大多数谈逻辑思考的书籍都只讲解MECE，或是"完整性与独立性"，而对于抽象化的方法通常只是轻描淡写地带过。

只有"一般语意学"（General Semantics）把抽象化当作思考技术，并且从学术的角度来进行研究。阿弗列·科齐布斯基（Alfred Korzybski）于1933年写了《科学与神智》（*Science and Sanity*）一书，为一般语意学这门学问建构了完整的体系。

通常你得先抽象，再推论

到目前为止，我们分别学习了结论法和摘要法，若能双管齐下效果更好。

例如，某主管询问下属："消费者现在的需求如何？"对此，下属搜集了具体的信息，包括"A想要小猫""B想要家鼷鼠""C想要松鼠""D想要天竺鼠""E想要小狗"等。

下属知道，如果不把这些"活生生"的信息加以处理就直接向主管报告的话，大概会被斥责"我可不是来替你整理报告的"！因此，下属认真思考："小猫、家鼷鼠、松鼠、天竺鼠、小狗……对了！"于是，他向主管报告："消费者现在想要小动物。"

各位觉得这位下属所做的抽象化工作如何呢？他确实已经将"小猫、家鼷鼠、松鼠、天竺鼠、小狗"这些具体表现抽象化了。"小动物"这样的表现，纯粹就抽象化来看是正确的。当然，"小型哺乳类动物"也没错。可是，如果直接就这样报告主管，主管的反应大概会是："消费者想要小动物？我听不懂，你再想一下。"确实，光是讲小动物，对方大概无法理解，因为消费者与小动物之间的关系不够明确。想要小动物的是消费者，所以最重要的课题在于消费者的观点，他们要小动物的意义是什么。

这位下属发现："对了，消费者想要把小动物当宠物养。"他推论出消费者与小动物之间的关系，这就是结论法。也就是说，这位下属经过两道手续，先抽象化（摘要法），再推论（结论法），引导出信息："消费者想要养小宠物。"这则信息因为是最终推论，所以可以称为结论。在这个结论当中，同时含有抽象化和摘要化的工作。

更进一步推论，宠物可以为消费者提供精神上的抚慰，因此"消费者想要得到精神抚慰"的信息也可能发生。然而，如此一来，这个结论会有跳跃性，以推论的范围来说，已经进入假设的领域了。总而言之，摘要和结论，最好一并思考，但是除非你要做假设性思考，否则得注意不要做过度的推论。

接着你得学会先推论，再抽象

假设我们对"东武百货店""小田急百货店""三越""伊势丹""高岛屋"予以抽象化，可能会出现几种结果，像是"百货店""大型百货店""百货公司"等。如果范围再稍微扩大一点，也可以改成"零售业"，或抽象化成"流通业"。

那么"其他从业者"这种说法如何？如果把这些百货公司都当成自家公司以外的主体，那么"这几家百货都不是自家公司"的推论也说得通。虽然很少人会把自家公司和别人公司搞混，不过这确实也是个有效的推论。

那么，"有竞争关系的从业者"这个表达方式呢？单从"自家公司"这个定位就可以了解"竞争关系"的概念，而这样的定位，多多少少也提升了信息与当事者的关系。其原因在于，自家公司并非与其他所有的从业者都有竞争关系。

像这样，有时候只是单独地把对象本身抽象化，有时候则是加入与当事者的关系或其他的要素，也就是进行推论之后，再予以抽象化。

3.5 抽象化，化繁为简的技巧

适度抽象表现，反而促进具体理解

话题回到抽象化（摘要法），现在我们要更进一步说明抽象化的步骤。摘要法中使用的抽象化技巧，以及为了明了表现而将抽象事物具体化的技巧，这二者都是为了提升具体和抽象程度的阶段性工作。设计信息的最终目的，是达成适度的抽象表现或是具体表现，而阶段性的抽象化工作就是完成这个目的的基本技巧。

例如，"家里的哺乳类动物，昨晚通宵叫不停，害我一夜没睡好"这则信息，很难让人懂。哺乳动物是什么？抽象度太高。相反，如果改成"家里的小太郎，昨晚通宵叫不停，害我一夜没睡好"却又太具体，同样也很难懂。有人会说："我又不认识你们家的小太郎，也不想认识。"这是因为表现得太过具体了。由于专有名词只对某些人有意义，因此，若不知道就无法理解信息的含义。

我们**要追求的是适度的抽象表现**。如果改成"家里的狗昨晚通宵叫不停，害我一夜没睡好"接收者较容易产生合理的想象，达成沟通的目的。"原来小太郎是你们家的狗，狗确实是哺乳动物没错啦！"成功传达信息的重点之一，即适度的抽象表现。

太具体和太抽象都很难懂

熟练地以适度的抽象来表现信息，是脑力工作者必备的能力之一。例如，有人在制作文案时会一个接着一个地介绍很多具体现象，结果完成了一份信息不清楚、又厚又重的案例集。如果制作文案的目的并非制作案例集，那么阅读的人一定会问："你到底想要讲什么？"这时候，制作者或许也会发现"我真的写得太具体了"，却经常会敷衍对方说："总而言之，本公司有很多重要的问题。"换句话说，准备了很多具体的资料，结果提供的却是模糊、抽象的信息。

不管是罗列过多具体的个别信息或者过度模糊的抽象信息，如果表达信息时在这二者之间摇摆不定，将显著地降低知识的生产力，实在不是聪明的做法。

为了不造成误解，我要再次强调，抽象表现的重要性不亚于具体表现的重要性。适度的抽象表现与让人浮现印象的具体表现是相辅相成的。先借由适当的抽象表现展示想要传达的事物的本质，接着再用脑中浮现的影像等具体表现来支持这些本质，如此一来，就很容易清楚地传达信息。但必须注意的是，不要在过度具体与过度抽象之间摇摆不定。

抽象化并非"连锁想象"

阶段性的抽象化,是每个人都必须学习的理性思考活动。首先,我要解释抽象化思考活动中容易掉入的两个陷阱:联想游戏,部分抽取。

所谓"联想游戏",是指从一个词语的关联性联想到下一个词语。就像小朋友玩接龙:"一、二、三,金平糖,金平糖很甜,很甜是砂糖,砂糖是白色,白色是小白兔,小白兔会跳,会跳是青蛙,青蛙是绿色,绿色是妖怪,妖怪会消失,消失是灯光,灯光会发亮,发亮的是老爸的光头……"

但是,联想跟阶段性的抽象化思考不一样,联想与抽象化无关,看起来只是一连串似乎有关系又似乎没关系的连锁想象而已。再举一个例子:

学校 → 教育 → 教育部 → 官僚 → 国家 → 文化

这样的思考流程也算是一种联想游戏,只不过相较于"金平糖很甜"的词语接龙,其词汇之间的关联性要更高一些。

"部分抽取"不算抽象化

另外，部分抽取也不是抽象化。所谓的"部分抽取"，是指抽取出某个条目中的部分构成要素。例如：

学校 → 校舍 → 出入口 → 鞋柜 → 室内鞋 → 走廊

除在线授课学校以及函授教育之外，大多数的学校应该会有校舍。既然有校舍，就会有出入口。在日本，中小学的校舍通常都设有鞋柜，用来放置室内鞋。像这样的连锁思考，不过是把前一个条目的某个部分抽取出来而已。部分抽取与联想游戏一样，都不算是抽象化思考。

"抽象化"这项理性工作，是以概念上的广度来精炼出事物的本质。光是抽取出部分的构成因素并不算是抽象化。其原因在于，在部分抽取的过程中，我们并没有精炼出事物的本质，也没有任何概念上的广度可言。

成功的抽象化思考，必须把具体包含在抽象里。换句话说，我们不能将上层信息（抽象）包含在下层信息（具体）当中。以学校的例子来说，我们不会说"学校包含于校舍当中"，也不会说"校舍包含于出入口当中"。因此，部分抽取和联想都不是抽象化思考。

那么，以下的连锁关系又是如何？

学校 → 教育设施 → 设施 → 建筑物 → 建造物 → 人造物

以阶段性的抽象化来说，这个连锁关系是合格的，因为，我们可以将下层信息（具体）包含于上层信息（抽象）当中——学校确实是教育设施之一。而如果把"教育"这两个字拿掉，就会跑出各种设施，医院是设施，警察局也是设施，每一种包含关系都能够成立。

"一言以蔽之"，才是抽象化

到底是将具体事物抽象化比较难，还是将抽象概念具体化比较难？虽然在大多数的情况下二者都不简单，不过将具体事物抽象化的过程也就是自下而上法，更难。

其原因在于，在从抽象往具体的自上而下法的过程中，传递者想要传递的本质已经表现出来，所以只要找出可以表现这个本质的具体例子即可。例如，我们将"组织"这个抽象概念具体化之后，可以列举出好几种组织形态，像公司、财团、协会、机构、机关等。

相对地，在将具体事物抽象化，以方向来说就是自下而上的场合里，我们就必须从具体事物所含有的许多本质当中找出一个交集才行。请回想前述的学校的例子，学校这个具体事物中包含了建筑物、组织、场所、制度等好几个本质。因此，**在将具体的事物抽象化时，必须选出自己想传达的本质**，而这项工作并不容易。

日本经济很发达，但没有经济学

有一次，我为某家日本大型企业的员工上能力开发课程时，常听到他们反映："阶段性的抽象化思考好难。"这让我感觉到，日本文化似乎不擅长做阶段性的抽象化思考。究其原因，大概是因为日本文化偏向于重视具体的事物。

"我们的经济很发达，却没有发展出经济学。"经济学是学问，学问就是要形成体系，形成体系就是建立金字塔结构。而金字塔结构的纵向关系，就是抽象关系。越往上升，抽象度就越高；越往下降，具体性就越高。

换句话说，形成学问就等于形成体系，其中需要阶段性的抽象化思考过程。如果日本文化不擅长阶段性的抽象化思考，那么日本人应该也不擅长那些需要体系才能形成的学问。然而，我的意思并非因为语言和文化上不擅长就认命，**而是既然不擅长就更需要借由练习来克服**。

什么推论法就决定什么金字塔

以上，我们从自下而上的概念学到引导出信息的方法——结论法和摘要法；特别是在结论法中，还提到了不同信息种类的论证方法。其实，借着这些引导方法将信息图表化的过程中，我们就已经大致设想好，逻辑金字塔应该采用并列结构还是直列结构。

为了保险起见，我们再确认一次。并列型的结构，是任何一则下层信息都与上层信息直接相关。也就是说，每一则下层信息都可以独立支持上层信息。

而直列型的结构，则是每则下层信息之间，存在一种强大的序列关系，只有最后面（通常为最右侧）的下层信息支持上层信息。"直列型金字塔"容易表现出：

- 因果论证法
- 评价论证法
- 行动原理论证法

这些方法都是以结论法来进行论证，由于都是属于通过演绎来解说的类型，横向连接关系相当强，因此适用于直列型的金字塔结构。

在此，先举出一个因果论证的例子：

好几位著名的证券分析师推荐买D公司的股票。（根据）
跟着分析师买股的好处，就是股票会上涨。（命题）
因此，D公司的股票一定会上涨。（结论）

所谓"命题"，是指连接根据与结论的前提。由于命题的内容是连接根据与结论之间的因果关系，因此这则例子属于因果论证。关于命题，我会在第7章中详细说明。

以下是关于评价论证法的例子：

A公司是低事业风险和低财务风险的公司。（根据）
一家公司的等级评价由事业风险和财务风险评断。（命题）
因此，A公司的等级评价一定很高。（结论）

由于命题的内容为评价条目，因此这是评价信息的论证方法。

接下来，是行动原理论证法的例子：

并购Z公司和本公司的本业没有任何关联（根据）

并购是根据对方和本业有无相乘效果而决定的（命题）

因此，不应该并购Z公司（结论）

由于命题的内容为行动原理，因此这是规范信息的论证方法。

以上都是关联性较强的逻辑展开，适用于直列型的金字塔结构。另一方面，用"并列型金字塔"来表现的方法有：

- 实证论证法
- 摘要法

这些方法的纵向关系比横向关系强，易于使用并列型的金字塔结构来表示，也就是说，抽取信息的方法带有归纳法性质。

以下为实证论证法的例子：

太郎连续打喷嚏（根据）

太郎身体发烧（根据）

太郎没有食欲（根据）

太郎说他全身酸痛（根据）

因此，太郎感冒了（主张）

3.6 自上而下法

自上而下法：将信息加以分解

前面我们学到结论法、摘要法等自下而上的思考技巧。现在，我们要看看什么是自上而下法。所谓自上而下法，是从主要信息开始进行信息设计的方法。图3-5就是先选定一个主要信息，然后再分解成个别的关键信息。接着，再将信息往下分解成若干次要信息。**由金字塔的顶点开始，往底层下降的思考过程，就称为自上而下法。**

执行长、董事、总经理等都属于企业组织高层，当他们发出主要信息的号令，接受命令的各个下属则必须考虑各自的具体行动。这个状况，就如同自上而下法的信息分解一样。

当我们形容一个组织的特征时，经常会说它们是自上而下型或是自下而上型。仔细想想，组织也是一种金字塔结构，所以公司组织的信息传递，与这里解说的自上而下法、自下而上法，可说是不谋而合。

图 3-5 自上而下法

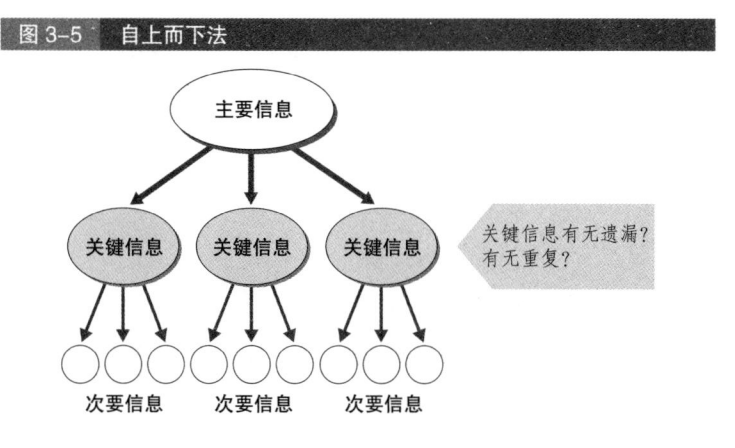

关键信息有无遗漏？
有无重复？

自上而下，拆开解析：理由法和详述法

诚如前述，自下而上法，就是从下层信息导出上层信息的手续，而信息的设计方法包括了结论法和摘要法。相对地，自上而下法，则是把上层信息拆解成下层信息，跟自下而上法相反，而其信息的设计方法包括了**理由法**和**详述法**。

如同字面上的意思，理由法是把下层信息定位为上层信息的理由。详述法则是跟摘要法相反，也就是必须详细说明。摘要法的核心是抽象化，详述法的核心则是具体化。简言之，这两种自上而下的思考法，都是从上层摘取部分信息放在下层，再透过具体信息来加以说明。

自上而下法的具体工作方针，是考虑"为了让上层信息更有说服力，要用哪些下层信息比较能够支持论点"来设计信息。

例如，假设主要信息表现出一个结论："Z公司已经展开适切的营销策略。"采用自上而下法，或许可以得出以下几个关键信息，作为支撑主要信息的理由：

Z公司的产品策略是适切的

Z公司的价格策略是适切的

Z公司的推广策略是适切的

Z公司的通路策略是适切的

之所以列举出这些例子，其背后的逻辑是：营销策略的评价条目，就是由产品、价格、推广、通路等策略所构成。因此，如果这些策略都十分适切，那么便可以做出以下的评价："Z公司的营销策略是适切的。"这里的分析架构，是运用"营销4P"〔即产品（Product）、价格（Price）、推广（Promotion）、通路（Place）〕作为理论根据。

详述法：告诉别人如何做

有时候，我们在自上而下法当中提出的详述内容会变成实行上层信息时应该采取的做法，也就是具体步骤。举例来说,上层信息(主张)为"本公司应该实施更具效果的销售策略"。

如果用自上而下法来设计信息,我们可能会有两种目的,第一种目的是详述主张的理由,例如基于什么理由认定现在的销售策略没效率。不过,有时候是第二种目的:详述应该采取的做法,也就是如何实施有效的销售策略。例如:

更换店铺的地点
替换商品
重新设定价格
更换广告媒体
重新促销推广

用自上而下法验证自下而上法

事实上,我们也可以运用自上而下法,来验证自下而上法所引导出的主要信息。

自下而上所引导出来的主要信息,原本就不能保证是绝对正确的。原因在于它的材料,即次要信息,并不保证能够涵盖所有的重要因素。如果作为材料的次要信息都不完整,那么即使你顺利地依据主题来将次要信息分类,然后自下而上建构出金字塔所引导出来的主要信息也未必就是正解。

换句话说，自下而上精炼出来的信息虽然不至于让人觉得太跳跃，严格来说，最好还是把它当成假设来看待。这时候，自上而下的信息设计过程就是你验证这个假设的过程。

自上而下、自下而上，经常同时进行

前面已解释了两种设计信息的方法：自上而下法、自下而上法。虽然刚才是就个别的方法来做说明，但是实际上设计信息时**最好二者同时进行**。在做报告或分析等思考工作时，最好能时刻确认金字塔中的上下关系。也就是说，在思考的过程中，几乎不可能只靠自上而下法或是自下而上法就可以完成。在完全没有主要信息或主题方向的情况下，很难单单靠自下而上法就能推导出一个主要信息。

相反，在完全没有具体信息的情况下，也很难只用自上而下法就能当场得到细分出来的信息。但是，只要运用金字塔结构来设计信息，即使你没有意识到，也一定会不自觉地自上而下、自下而上地来回反复进行确认。差别只在于，自上而下法与自下而上法这二者当中，哪一个使用得比较频繁而已。

接下来，我要谈谈主题的金字塔结构。

3.7 主题金字塔，解析的利器

把三层主题架构成金字塔

到目前为止所介绍的金字塔结构，其展现的图表都是依照层级类别来配置信息。既然有配置信息，就当然也有配置主题的金字塔结构。如果将配置信息的金字塔结构称为"内容"金字塔结构，那么配置主题的金字塔结构就可以定位成"容器"金字塔结构。

顺带一提，只要把逻辑表现力中的主题金字塔倒着横放，就成为经常用于各种分析工作的**逻辑树**（Logic Tree）。例如，关于营销的书籍在开头的部分，可能会出现以下目录：

关于营销的吸引购买策略

第一章：广告宣传

第二章：公关

第三章：人员销售

第四章：促销

第五章：网络上的口碑

"吸引购买策略"表达出整本书的主题。由于表现的抽象

147

度过高，因此无法将具体内容传达给读者，不过可以在一定程度上促进读者的理解，例如有人会想："吸引购买策略？感觉上这是本讲促销策略的书。"这是因为主要主题（书名）已经界定了整本书的范围：产品促销。所以，就算还没有提供具体信息，也已经让读者先有了心理准备。

从第一章至第五章，所有的表现都是主题，不是信息。虽然它们比起"吸引购买策略"已经具体多了，不过仍然没有表示出具体内容。像是第一章"广告宣传"，不管你说上几百次，听的人还是无法理解，而"人员销售"和"促销"也是一样。大概只有"网络上的口碑"会让人有所反应："喔，这大概是在讲什么，所以呢，想要做什么？"仅止于此。这些目录的内容都是比主要主题抽象程度略低（具体程度略高）的关键主题。

以主题金字塔来说，这里的目录处理了主要主题和关键主题。一般来说，目录多半就是主题金字塔。

每一层的主题都具体，逻辑就清楚

关键主题（章名）的表现，比主要主题（书名）更具体。如果再将关键主题分得更细，就会出现次要主题。例如，"促销"这个关键主题，或许还可以再细分出以下几个条目：

发送 DM[①]

发送产品

刊登POP广告（卖点广告）

发送试用品

举办促销活动

举办讲座

这些条目虽然比上一层的"促销"更具体，不过仍然属于容纳信息（主语和谓语明了的句子）的容器。不管它表现得多么具体，主题还是主题。不过，越下层的容器，容量越有限，换句话说，可以容纳信息的范围越来越小，但还不至于变成信息。

关于主题，包括了主要、关键、次要三个层次序列，而这几个序列都是相对的。以前述的例子来说，使用的序列如下：

主要主题：营销的吸引购买策略

关键主题：促销

次要主题：发送DM

---

① Direct mail 的缩写，即快讯商品广告，通常以邮寄投递、传真、柜台散发等形式发放。——编者

"吸引购买"本来是主要主题，却是构成营销的策略之一。所以，假设在"吸引购买策略"上再放置一个"营销策略"当成主题，那么"营销策略"便成为主要主题，"吸引购买"便降为关键主题。如此一来，新的序列变成：

主要主题：营销策略
关键主题：吸引购买策略（本来是主要主题）
次要主题：促销
次次要主题：发送 DM

也就是说，我们现在找到一个更大的"信息容器"，并且将它变成主要主题。我们必须假定，在主要主题之上已经没有主题，这样才能聚焦；而最下面的层级只需要多加一个"次"即可，有时可根据情况向下扩展。

一般而言，金字塔结构的上下关系都是抽象关系。也就是说，金字塔上层比下层抽象。上层主题范围较广，下层主题则较为具体。举例来说，如果主要主题为"狗"，关键主题为柴犬、秋田犬、腊肠狗、吉娃娃、英国斗牛犬、牧羊犬，那么上下关系为抽象关系。

可是，金字塔结构的上下关系并不只限于抽象关系。例如，主要主题为"一周"，关键主题就是周一、周二、周三、周四、周五、周六、周日。与其说它们的上下关系是抽象关系，倒不如说是构成要素的关系还比较合适。

换个例子，主要主题为"营业额"，关键主题为产品单价、销售数量，那么它们除是构成要素之外，由于"产品单价"乘上"销售数量"即为营业额，因此上下之间还形成函数关系。

总而言之，金字塔结构的上下关系有很多种，比较具代表性的有刚才提到的**抽象关系、构成要素关系、函数关系**等。无论如何，所有金字塔结构的共通概念为上层范围较广，下层范围较窄。

好的商务文案，同时包含主题和信息

不管你正在配置的是信息还是主题，结构上都应该是金字塔结构，层级的名称都相同，自上而下的序列皆为：主要主题、关键主题、次要主题。

此外，不论是信息金字塔还是主题金字塔，层级之间的相对性都跟前述相同。当然，也有同时显示主题和信息的金字塔结构。这时候，金字塔的结构图会同时呈现出按层级配置的容器和内容。

当我们想用金字塔结构来呈现文章报告时，最终追求的形式最好同时包含主题和信息（句子），别只有主题而没有信息。因此，**最好一开始就同时意识到主题和信息**。当我们在划分主题类别的群组时，必须同时想到主题和信息。在这里附带说明一下，MECE的分析架构，如果也想以金字塔结构来表现，就应该是"主要主题底下，关键主题已经网罗一切"。所以，学习主题金字塔，对于建构信息金字塔大有帮助。

主要主题只能有一个（好吧，最多两个）

想必读者对于金字塔结构应该有了整体的了解。现在，我们要考虑的是主题的数量。每个层级应该设定多少个主题？由于主题就是装入信息的容器，所以思考主题的数量就等于思考信息的数量。

首先是主要主题。既然是主要主题，基本上是只有一个比较好，例如：

> 都市排水对环境的影响
> 关于Z计划进展状况的评价
> 关于营业额倍增的新事业提案

如果主要主题不止一个，信息就比较难以传达给对方，所以再怎么多也不要超过两个。例如，写道歉文案时，以主要主题来说，常用的表现为"道歉启事"。如果是回收瑕疵品，主要主题便会设定成"道歉与恳请"。其他诸如：

××公司倒闭的背景以及对业界的影响
××市场的动向与对本公司的意义

如果有两个主题，同时放在主要主题的位置，大致上没什么问题。其实，前述两个例子都可以归结成一个主题的形式：

××公司倒闭对业界造成的影响
××市场动向对本公司的意义

如果有三个主题，那么与其说是主要主题，还不如把它们当成关键主题来处理比较合适，或是再想一个主要主题来涵盖这三者比较好。

关键主题最好三个，最多七个

关键主题最应该注意数量。从结论来说，尽量分成三个或五个。如果怎么样都无法归纳成五个，那么最多七个，务必避免增加到八个或九个。

为什么上限为七个？根据心理学家的研究，以数量来说，"七"这个数字是人类听过一次后可以记住的上限。事实上，无论东西方，很多的惯用句、角色、商品名称都含有"七"这个数字。例如：

7S（分析组织用的架构）、"七味唐辛子"、"七福神"、"父母的七道光芒"[①]、"七色彩虹"、"七海"、"七武士"[②]、"豪勇七蛟龙"、"白雪公主与七个小矮人"、"世界七大谜题"、"七宗罪"、"幸运七（Lucky Seven）"、"七星牌香烟（Mild Seven）"、"北斗七星"、"七荤八素"。

各位读者应该还可以想到很多其他的例子。

关键主题最少三个

我将关键主题的上限设定为七个，至于下限，我强力建议设定三个就好，三个可说是稳定事物的最小数值。桌子只要有三只脚就可以保持稳定，而风力发电的风扇叶片也是只有三

---

① 日本谚语，指父母亲的庇荫。——译者
② 1954年黑泽明导演的电影。——译者

片，因为三片似乎是最稳定的。很多东西的表现也都是用数字"三"，信手拈来的例子有：

三位一体、三者兼备、三种神器、3C（策略分析用的分析架构）三姊妹、三兄弟、三剑客、三原色、三色堇、三味线、三段论证、三大文明、三段跳、得三文钱①、三便士歌剧、三角关系、三角尺、三个臭皮匠胜过一个诸葛亮、三只小猪。

五个也可以，最好是质数

如果怎么样都无法归纳成三个，那么尽量整理成五个。"五"也是经常看到的数值，像五重塔、五大陆、五目炒面②、五寸钉、五力分析（企管顾问常用的架构）。另外，美国国防部的五角大厦也是五角形。

关键层级的主题，以文案来说是"章"，以简短的笔记或信件来说就是"分段"，以一出戏剧来说，则是"幕"。关键主题可说是构成整份文件最主要的骨干。

世界上有很多惯用说法，不只有三、五、七等数字。像佛

---

① 日本谚语"早起得三文钱"，相当于中文的"早起的鸟儿有虫吃"。——译者
② 什锦炒面。——译者

教哲学常会出现偶数，例如"四圣谛""四苦八苦""六波罗蜜""八正道"等。虽说如此，但基本最好用三、五、七等数字。顺带一提，如果以整理事物的观点来看，七的下一个选择为十一，再来则是十三。以书籍的章数来说，十三应该已经接近上限了。

三、五、七、十一、十三等数字，代表什么意义呢？它们除都是奇数以外，似乎还有其他的共通之处。事实上，这些数字都是质数。所谓"质数"就是除了一和本身之外，不能被其他自然数整除的数字。一是质数，可是我们无法用一来分割主题；二也是质数，可是难以取得平衡。基于上述的理由，我建议在逻辑表现力中，关键主题的数量最少要有三个。

但是，如果想表达对比概念时，最好凑成双。例如，黑与白、阴与阳、善与恶、左与右、天堂与地狱、使用前与使用后等。

3.8　MECE的技巧，意义在于"思虑周延"

MECE：不重叠、不遗漏

除了主题的数量、金字塔结构，还有一个在构成关键主题时很重要的概念，那就是主题之间是否为MECE。

MECE的全称是"Mutually Exclusive Collectively Exhaustive"，直译之意为"相互排他性、集合网罗性"，也有人翻译成"不重叠、不遗漏"。将关键主题设定在三、五、七个，目的在于分类能够清楚，没有重复，同时又能完整地网罗重要条目，没有遗漏。"不重复"是为了让人容易理解，"不遗漏"是为了更有说服力。所以，MECE是逻辑思考的基本概念。

例如，将"人"这个概念（主要主题）用MECE来分析，划分出关键主题，可以分成男性和女性，也可以分成大人跟小孩。如果划分成男性和大人的话，大人里面也包含男性，这就产生了重叠，而且还遗漏了小孩和女性。

如果主要主题是"季节"，那么关键主题就是春、夏、秋、冬。如果主要主题是"方位"，那么关键主题就是东、南、西、北。虽然这些事物在现实中有无限的层次，不过在概念上都可以区分成数个部分。例如，一周有七天，即周一、周二、周三、周四、周五、周六、周日；而尺寸可以区分为大、中、小；"循环型社会"的3R，分别是减量（Reduce）、重新利用（Reuse）与回收（Recycle）。这些都是符合MECE的例子。

虽然次要主题的数量增多，要确保次要层级符合MECE有些困难，但是**在关键主题的层级中要尽量追求不重复、不遗漏**。

想不出自己的MECE架构，先用现成的

麦克·波特（Michael E. Porter）教授提出的"五力分析"，也是一种金字塔结构（分析架构）。在企业界，五力分析经常用于拟定竞争策略，是分析及理解产业时必备的分析工具。麦克·波特将"影响产业的力量"这个主要主题分解成五个具有MECE性质的关键主题，简称"五力"，分别是"潜在进入者的威胁力""替代产品或服务的威胁力""供货商的议价能力""购买者的议价能力""现有对手的竞争力"。这个分析架构的作用在于，只要你能够掌握五力关系，就能够理解影响产业的力量。

另外，"3C"这个分析架构也很有名。3C的金字塔结构以三个C开头的英文单词作为关键主题，来支撑主要主题：企业战略。3C是指企业自身（Company）、竞争者（Competitors）、顾客或市场（Customer）。当思考一般的企业战略时，只要掌握这三个关键主题，大致上就不会遗漏重要的因素，而且也不会出现重复。

可是，有些产业为限制性的业种，受主管机关的影响很大，所以最好再多加一个C——当局（Controller）——会更加完整。还有，假使营销通路也是影响该产业的重要因素，那就应该再多加一项"流通"（Channel），这样就变成5C了。

养成MECE的习惯

"C"出现得越来越多了，我再多介绍几个。各位听过评鉴钻石的"4C"吗？首先是大家比较常听到的重量单位：克拉（Carat），1克拉是200毫克；然后是表示形状的切工（Cut），例如圆形、椭圆形、三角形等；还有表示颜色的色泽（Colour），例如无色、黄色、咖啡色等；最后，是表示有否伤痕或杂质的净度（Clarity）。

顺带一提，这里面不包含硬度，大概因为硬度原本就是钻石应该具备的要素，软的钻石就是赝品，所以不列为评价条目。

就像前述的"钻石4C""春、夏、秋、冬""循环型社会的3R"等例子一样，MECE分析并非只用于拟定经营策略或者推展业务，最好平时都能广泛运用，养成一种思考习惯。

由日常训练使MECE自然融入思考之中。例如，平常生活中要丢个垃圾，看到可燃垃圾和厨余垃圾时，你会感觉好像有重叠之处，而且还发现有遗漏："那么宝特瓶和其他一些瓶瓶罐罐该怎么办？"

泡咖啡的时候，要不要放砂糖，就是MECE的思考；要不要放奶精，也是MECE的思考；当然，要放多少也是选项之一。可是，最根本的选项只有要不要放而已，这就是所谓的

"集合网罗性"（不遗漏）；还有，放和不放无法同时做到的话就是"相互排他性"（不重复）。总而言之，不管你从事什么工作，请尽量在日常生活中养成用MECE来思考的习惯。

些微重复无妨，切勿遗漏

虽然我要大家在金字塔结构的关键信息层级中设定不遗漏、不重叠的主题，但真正能够实现的门槛很高。信息些微重复还不严重，但很难做到完全不遗漏——就是因为没发现，才会遗漏呀，不是吗？

所谓MECE，就是"不重叠、不遗漏"，但一般在谈论的时候，我们常常说成"不遗漏、不重叠"，顺序正好颠倒。为什么？或许是因为大家觉得遗漏是比较严重的问题，而我自己的经验也是如此。以分析来说，比起些微的重复，遗漏重要主题才是致命的错误。

例如，某家企业委托经营顾问拟定适合的销售策略。顾问弄清楚市场的动向之后，开始分析其他公司的行动，接着判断其他公司的策略合理，于是建议该企业也采取同样的策略。

但是，即使其他公司的策略合理，也只是对那些公司而言，是否适合该企业就不得而知了。假如其他公司商品都是高档类，但说不定该企业的顾客策略并不走高档商品的路线。

总而言之，只要遗漏了企业客户本身的实质分析，我们就很难提出适当的建议。

设定"其他"为主题，可预防遗漏出错

那么，如何才能防止分析上的"遗漏"呢？很可惜，就我所知并没有完美防止遗漏的方法，我想应该也没有这种方法。不过，有两种方法可以降低遗漏发生的概率。

第一种方法是掌握现成的MECE分析架构。换句话说，先在自己的秘籍里储存许多套MECE的分析架构（如五力、3C、4P、SWOT分析等），然后根据当下遇到的工作选择适合的方法来套用。即使不完全合适，只要稍加修改，应该都能够运用。

还有一种方法也很有效，就是设定"其他"作为主题。也就是**除自己想出的主题之外，不管怎样再多设定一个"其他"**。就逻辑上来说，至少确保了"不遗漏"的集合网罗性。虽然"其他"这个概念很模糊，但确实可以暂时当成主题。

最重要的是接下来的做法。在设定"其他"作为主题之后，就根据具体案例在"其他"这个关键主题下加入次要主题。如此一来，当你觉得有些次要主题无法归纳到已设定好的关键主题底下时，便可以把这些次要主题先暂放在"其他"之下。等到"其他"下面的次要主题越来越多，你便会发现"其他"这个关键主题的本质为何。

例如，有东西坏掉需要修理，将主要主题设定为"故障修理"，那么最初想到的就是判断哪个部分坏掉了，因此第一个关键主题设定为"状况掌握"。当然，坏掉的原因也令人好奇，于是下一个关键主题为"原因查明"。接着，根据查出的原因来进行修理，因此还有一个关键主题为"修理"。

整理"其他"案例，你就不会遗漏

了解故障状况后，查明原因，然后再修理，看起来没错。即使如此，我们仍然不禁担心，会否没做到"不遗漏、不重叠"。其实，状况掌握和原因查明可以视为连续性的工作。大概很少人会不查明原因就试着掌握状况。一般人多半会一边分析哪里坏掉，一边思考为什么会坏掉，或者在分析为什么会坏掉的同时思考哪里坏掉了。

换句话说，至少在工作层级上，状况掌握与原因查明会有重叠。可是，在概念上，二者的确可以区分开来，所以要说二者不重叠也可以。那么，遗漏的部分呢？这时候，轮到"其他"这个关键主题登场了。设定"其他"之后，接下来我们一边假定一个具体的案例，一边想出次要主题。

例如，延续刚才的例子，A的家里漏水了。我们自然会将A采取的行动置于关键主题之下，换句话说，A的行动就是具体的次要主题。

首先，"发现漏水"可以置于"状况掌握"之下；查明漏水的原因是"以前的地震造成屋瓦歪斜"，则将它置于"原因查明"之下；那么"将屋瓦移回原位"就可以置于"修理"之下了。这样就结束了吗？事实上，A还采取了其他的行动。刚开始A发现漏水时，她赶紧拿着脸盆放在漏水处下方接水，以防损坏扩大。那么，这个行动应该归入哪个主题呢？这个行动既非状况掌握，也非原因查明，更不属于修理。最后，只能放在"其他"这个次要主题之下。

再举一个例子，A曾经在骑自行车时跌倒，导致手腕骨折。当时，A为了能够比较轻松骑上陡峭的上坡，蛇行骑车，结果跌倒了。最后，A到医院进行"修理"，在手腕上打了石膏。不过，在她跌倒时，为了防止事态恶化，自己已经赶快在手腕上绑了木头固定。这项行动不属于状况掌握、原因查明，也不属于修理，于是归类在"其他"之下。

像这样一边想着具体的案例，一边列出次要主题，渐渐地"其他"部分就增多了。接着，"其他"这个关键主题的本质便慢慢浮现。就前述的例子来说，"其他"的本质是"应急处理"，这项处理是为了在查明原因之前不让损害继续扩大。如此一来，可以知道我们遗漏的关键主题是什么，而整个分析也就更加符合MECE了。

独到见解通常藏在"其他"类当中

确实，设定了"应急处理"这项关键主题之后，金字塔结构中遗漏的部分又减少了。但是，我们不能就此感到满足，防止遗漏并非易事，必须要持续搜寻，坚持到底。

我们回到A家里漏水事件，她将屋瓦移回原位之后，完成了故障修理；接下来，A把屋瓦的安检工作委托给某家建筑公司，这个行动是为了以后房子不要再漏水。另外，A在骑车跌倒之后，当她再遇到陡峭的坡道，就不再蛇行，而是下来推着车走上斜坡，这个动作是为了以后不要再跌倒。

这些次要主题的动作，皆不属于状况掌握、原因查明、修理、应急处理等关键主题，所以先归于其他。现在，大家可以看出"其他"这个关键主题的本质了吗？这些行动都是为了往后不要再发生同样错误而采取的策略，也就是"防止再度发生"。如此一来，整体的分析就更加符合MECE，尤其是集合网罗性更为提高了。

文案不是烧肉，"霜降"是大忌

文案的构成应该要清爽，符合MECE，换句话说，就是要避免写出"霜降"型的文案。所谓"霜降"，是指最具代表性的高级牛肉。为什么霜降牛肉属于高级品呢？原因之一是这种牛肉相对稀少且生产成本高，不过最重要的原因是它肉质鲜嫩。

为什么霜降牛肉肉质鲜嫩？因为其瘦肉当中遍布脂肪。霜降牛肉有40%是脂肪，由于四成是纯粹的牛油，因此当然又软又嫩。在这里先别管健康上的评价，常识告诉我们霜降牛肉是高级品。

虽说霜降在牛肉中属于高级品，但是在文案上我不得不说它是低级品。在文案上，"霜降"是指各种不同的主题到处散落。

例如，在某份关于经营策略的文案当中，充满了零零碎碎叙述自家公司的信息，原本以为接下来应该是关于通路的说明，没想到还是在讲自家公司的事情。接着，以为接下来应该是关于竞争的说明，结果却是讲通路。之后，又带到自家公司的信息，以及市场状况。然后，又出现通路、自家公司及市场。阅读者被带得晕头转向、眼花缭乱，这种文案一点也不替阅读者着想。

一份好的文案，应该是主题清楚明确。肉就是肉，脂肪就是脂肪，骨头就是骨头。用前述的例子来说，自家公司的分析、竞争分析、通路分析、市场分析，不要到处散落，应该各自集结成一个主题。

先构思好主题金字塔，就容易设计信息

事先准备好"不遗漏、不重叠"的分析架构，有助于信息金字塔的制作。其原因在于，在金字塔结构中，这些符合MECE的分析架构（可能是现成的架构），代表着针对某项特定的主要主题所准备的关键主题已相当完整。所以，只要把每则信息放入个别容器（也就是关键主题）之下，就能够完成信息金字塔。

换句话说，运用MECE的分析架构，就能够轻松地针对主题类别，把信息放置在"不遗漏、不重叠"的群组当中。

虽然这个方法并不保证你设计的信息内容一定合适，但是可以避免在分析上出现重大的缺漏或重复，这是一大优点。MECE就像使用现成的分析架构，拥有越多对你越有利。

但是，当实际思考个别业务时，现成的分析架构通常难以逐一套用，可能得重新设定一套。在这种情况下，**必须在时间允许范围之内持续地自问自答："我这样做是否达到了不遗漏、不重叠。"**这时候，你口袋中许多现成的分析架构的知识也可

以当作参考。所以知道得越多，绝对有利而无害。无论如何，预先妥善准备主题，总比完全没有准备更容易设计信息。

你可以自己演练

一、练习题

问题一：区分结论法的种类

判断以下结论法的论证方法，是属于因果还是实证。在此，我们先不讨论结论与命题的关联性（跳跃感），请把焦点集中在论证方法的"种类"上。

1．"C小姐在流泪。"（根据）

"人通常在悲伤时流泪。"（命题）

"因此，C小姐一定很伤心。"（结论）

2．"C小姐在流泪。"（根据）

"悲伤的情绪会让人流泪。"（命题）

"因此，C小姐一定很伤心。"（结论）

3．"D公司的本业一定遇到瓶颈了。"（结论）

"因为，D公司正在进行多元化经营。"（根据）

"本业一旦遇到瓶颈，一定会进行多元化经营。"（命题）

4."D公司的本业一定遇到瓶颈了。"（结论）

"因为，D公司正在进行多元化经营。"（根据）

"本业遇到瓶颈的公司，多半会进行多元化经营。"（命题）

问题二：阶段性抽象化

请将下述的具体表现**自下而上提高抽象程度**。要注意，这不是联想游戏或部分抽取的工作。每个具体条目包含好几种本质，你要思考几种抽象化层次，并且在各个层次中写下阶段性的抽象化词汇。

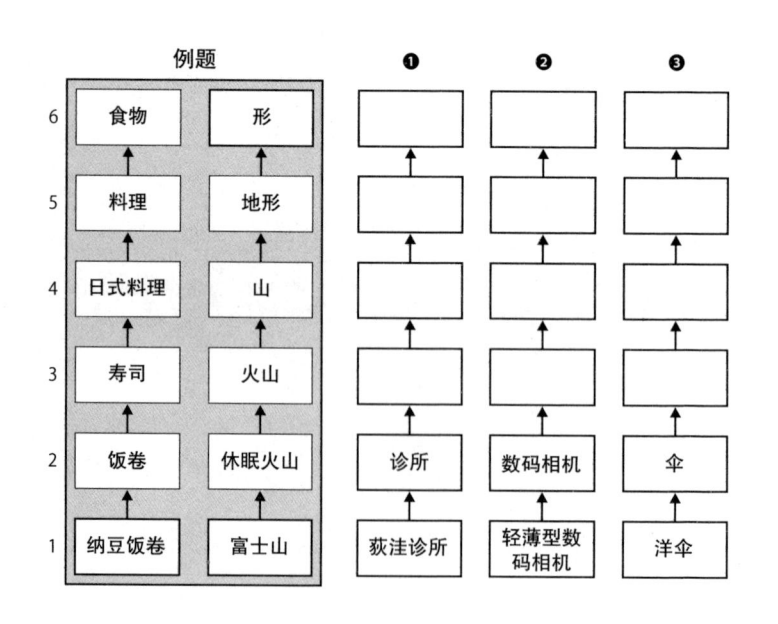

	例题		❶	❷	❸
6	食物	形			
5	料理	地形			
4	日式料理	山			
3	寿司	火山			
2	饭卷	休眠火山	诊所	数码相机	伞
1	纳豆饭卷	富士山	荻洼诊所	轻薄型数码相机	洋伞

二、解答和说明

问题一：区分结论法的种类

1. 实证论证。因为"人通常在悲伤时流泪"的命题,为统计性、经验性。

2. 因果论证。因为"悲伤的情绪会让人流泪"的命题,为因果性。

3. 因果论证。因为"本业一旦遇到瓶颈,一定会进行多元化经营"的命题,为因果性。

4. 实证论证。因为"本业遇到瓶颈的公司,多半会进行多元化经营"的命题,为统计性、经验性。

→这个课题演练的焦点,锁定在区分论证方法的种类,不追究结论或命题是否有可信度。如果要追究结论的可信度,那么C小姐可能不是因为悲伤而流泪,而是因为有灰尘飞进眼睛。还有,D公司可能本业很顺利,只是想追求更进一步的成长。甚至,连命题也会有例外的情况。

问题二：阶段性抽象化

1. 例1："荻洼诊所 → 诊所 → 医疗设施 → 设施 → 建筑物 → 人造物"

→这个范例解答与本文中学校的例子，流程是相同的。从荻洼诊所到"设施""建筑物"，抽象化出其中一个侧面，直到"人造物"时，本质便开始模糊起来。

例2："荻洼诊所 → 诊所 → 医疗设施 → 设施 → 组织 → 集团"

→这个范例解答，从荻洼诊所到"设施""组织"抽象化出其中一个侧面，直到"集团"时，本质便开始模糊起来。

例3："荻洼诊所 → 诊所 → 医疗现场 → 现场 → 场 → 概念"

→这个范例解答，将荻洼诊所抽象化到"场"的概念。从横向的展开来看，除了医疗现场之外，应该还有很多其他的现场，例如施工现场、事故现场、教育现场、杀人现场等。而将"现场"的"现"去掉后，就变成"场"。"场"也有很多种，从横向的展开来看，除了地点的"场所"、气氛上的"气场"，还有磁性的"磁场"、物理上的"电场"、爱因斯坦的"统一场"。将"场"继续抽象化下去，似乎有些困难，于是在这里用"概念"一词。

2. 例1："轻薄型数码相机 → 数码相机 → 相机 → 摄影装置 → 装置 → 器材"

例2:"轻薄型数码相机 → 数码相机 → 相机 → 光学机器 → 机器 → 工具"

例3:"轻薄型数码相机 → 数码相机 → 相机 → 家电 → 电器产品 → 产品"

→到"相机"为止都很容易,找出"相机"的下一个本质才是关键。其他还有像精密机器、记录装置等也可以。

3. 例1:"洋伞 → 伞 → 雨具 → 道具 → 人工物 → 物"

例2:"洋伞 → 伞 → 雨具 → 日常用品 → 用品 → 物"

→应该还有许多种可能,只要抓住抽象化的感觉即可。也可以把"道具"抽象化为达到目的的"手段"。

第4章

解决问题的基本能力
这一章,迅速提升你的做事能力

- 解决问题的步骤
- 第一步:发现问题
- 第二步:设定具体的课题
- 第三步:确定课题后,要列举替代方案
- 第四步:评价各替代方案
- 第五步:实施解决策略
- 你可以自己演练

在第4章中，以前三章的思考表达技巧为基础，学习解决问题的能力。这是第5章要学的故事展开法的准备工作。本章的学习重点在于，如何运用高杉法发现各种类型问题以及设定课题，从而展开故事。

4.1 解决问题的步骤

商务文案的展开就是解决问题的过程

绝大多数的时候,商务文案就是在解决某个问题,只有会议记录是例外。工作的本质就在于"修理损坏的事物""不让事物损坏""让事物更好"等解决各种问题的过程。

当我们设计各式各样的商业沟通文案,例如简报、演讲、电子邮件、报告等的时候,如果用解决问题的程序来描绘它们的展开方式,会非常容易整理。如此一来,不但接收者容易理解内容,文案也更具说服力。

本书关注的工作是:在设计具有逻辑性和说服力的文案时,如何将解决问题的过程交织于故事中,同时传达给对方。在最初阶段,我先从故事展开的基础,也就是解决问题的过程，开始做介绍。

解决问题的一般步骤

我们要依循解决问题的五个步骤，学习如何展开一个有说服力的商务文案。这些步骤为：

（1）发现问题
（2）设定具体的课题
（3）列举并检测此课题的各式替代方案
（4）评价各种替代方案
（5）实施解决策略

严格来说，在实施解决策略之后，还有一个必不可少的步骤：检视整个过程的来龙去脉，并修正轨道。

这五个步骤，就是解决问题的全套方法。但是，如果在步骤（2）中你设定的当前课题为"状况有多严重"，那么测定各种替代方案以解决问题的（3）至（5）这些步骤就暂时先不处理，即便要处理也得等前面的步骤都处理完（知道问题的严重程度）再说。

接下来我会逐一解说从（1）至（5）的步骤，告诉读者展开故事的重要性。只要能理解这一套展开故事的方法，应该就能依照自己的需求加以运用，无论选用简报、邮件、报告还是演讲等形式。

4.2 第一步：发现问题

"问题"，就是现状与期望之间有落差

解决问题的第一个步骤是"发现问题"。如果没有发现问题，便无法开展解决问题的过程。所谓"问题"，就是现状与期待之间的落差。

假设有一个问题是"A产品的销售状况变差"，表示说话者正在担心A产品的销售与预期有一段差距。再来，假如"某工厂的运转率下降"被视为问题，那就表示预期的运转率与现状之间有差距。另外，如果说出"我们家的小孩成绩很差，真伤脑筋"这句话，就表示小孩子现在的成绩与期望有落差，并且认为它是个问题。

不管从哪个例子来看，**问题的本质都是我们所期待的状况与现状之间存在距离**。如果这个"距离"越大，问题的强度也就越大。所谓"很大的问题"，是指现状与期待状态之间有很大的差距。

问题的本质就是期待的状况与现状之间存在着鸿沟、差距、距离，但如果我们的表达就此打住，会让人不知所云，因为这样的表达过于模糊笼统。在实际解决问题时，我们不能过于草率，必须进一步做深入考察。

稍后我会介绍"高杉法"。从高杉法的观点来看，"距离"大致上可以分为三种"不良状态"，换句话说，问题可以分成三种。

问题分三种："恢复原状""预防隐患""追求理想"

在高杉法中，依照"距离"的发生时机以及我们的期望，问题可以分成三种类型：**恢复原状型、预防隐患型、追求理想型**（图4-1）。

（1）恢复原状型问题

恢复原状型问题的状况是：**当前不良状态非常明显**。因此，解决之道是恢复原状，只要恢复原来的状态，就能填平鸿沟、解决问题。简言之，这类问题是指将已损坏的事物修理好。以下例子都是以解决恢复原状型问题为目标，例如：

　　想将跌落谷底的营业额恢复到原来的水平。

想修好破掉的轮胎。

想治好感冒。

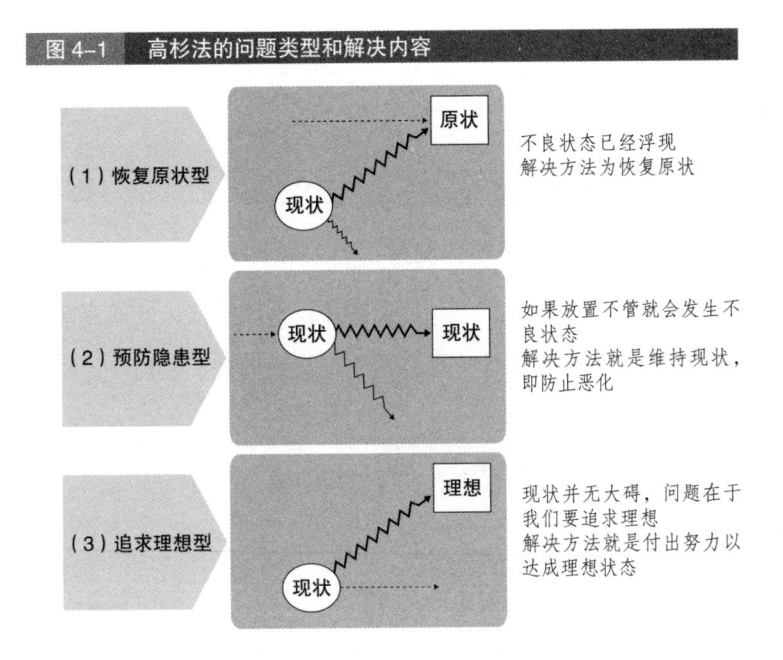

图 4-1　高杉法的问题类型和解决内容

（1）恢复原状型	现状 →↯→ 原状	不良状态已经浮现 解决方法为恢复原状
（2）预防隐患型	现状 →↯→ 现状	如果放置不管就会发生不良状态 解决方法就是维持现状，即防止恶化
（3）追求理想型	现状 →↯→ 理想	现状并无大碍，问题在于我们要追求理想 解决方法就是付出努力以达成理想状态

（2）预防隐患型问题

预防隐患型问题的状况是：现在没有大碍，但**未来将产生不良状态**。解决之道是预防不良状态的产生，也就是维持现状。这类问题是指虽然当前没有出现鸿沟，但如果放任不管，未来会产生不良后果，可说是有如一颗定时炸弹。解决这类问题的重点在于，如何在爆炸前拆除引线。

以下例子便是以解决预防隐患型问题为目标,例如:

预期将面临资金窘境,该如何度过年终。
机械老旧令人担心,该如何维持运转率。
流感的问题令人担忧,该如何防止感染。

(3)追求理想型问题

追求理想型问题的状况是:当前并无大碍,即使放置不管,也不会产生不良状态,但是**期望现状能够往更好的方向发展**。解决之道就是实现理想。追求理想型问题,是指缺乏紧急性,容易被延后处理。

以下例子是希望解决追求理想型问题,例如:

该怎么做才能让本公司成长。
虽然没有生病,但该怎么做才能更健康。
虽然现在车子没有故障,但我想换一台更高级的新车。

一个问题常会包含多种类型

然而,高杉法划分的"恢复原状型""预防隐患型""追求理想型"这三种问题，只不过是基本类型而已。**实际上，在大多数情况下，几种类型的问题会同时存在，并且互相关联。**

例如，某件事发生不理想的状况时，一开始我们会想要复原，即属于恢复原状型问题。可是，光是恢复原来的水平还不够，到头来都是为了追求更好的改善和改良，所以问题最终仍然会发展成追求理想型问题。

同样，从预防隐患型问题开始着手，是为了预防不良状态的发生。毕竟，只是预防不良状态的发生、维持现状仍嫌不足，因此目标会逐渐朝向追求理想型问题发展。

相反，在解决追求理想型问题的过程中，常会发生恢复原状型问题和预防隐患型问题。例如，大胆追求成长的新创企业着眼于更进一步的成长，除了增加自家重要零件的生产，还对外发包。可是没多久，外包的公司竟然倒闭了，于是在追求理想的过程中，发生了恢复原状型问题。如果在外包的公司倒闭之前，该新创企业就先注意这一点，那就成为预防隐患型问题。

分析问题的时候，经常是同时存在好几种问题类型，并且相互关联。因此，实际上"问题"的外表非常复杂。为了解析、阐明问题的复杂度，运用这三种类型来区分问题的种类与严重程度，相信对你会有很大的帮助。

展开故事前,要先意识到问题类型

除了会议记录,商务文案都是为了处理某种问题,并且寻求解决。如果我们的**目标是展开一个简明易懂的故事**,那么**首要任务是明确区分问题的种类**。清楚认定问题的种类,故事的结构就显而易见,同时也促进了接收者的理解。首先,将以下三点作为文案的主线:

(1)将已经损坏的事物复原(恢复原状型问题)

(2)某事物放着不管便会损坏,所以必须预先防止(预防隐患型问题)

(3)情况并不会变糟,不过想变得更好(追求理想型问题)

如前所述,**多种类型的问题多半是并存,而且相互关联。但是,我们要先确定核心的问题类型**,之后其他的问题类型再以附加的形式置入即可。

当我在指导学员做简报和制作文案时,经常感受到一份文案的故事之所以难懂,多半是因为作者没有明确意识到"我正在处理的这个问题是属于哪一种类型"。故事的作者如果无法确定问题的类型,意味着他并不了解故事中的主角有何需求。

很遗憾的是，我遇到的许多案例显示，甚至连日本代表性企业的主管，可能都无法明确掌握自己正在处理的问题类型，他们所做的简报、写出来的文案经常让人难以理解，让人有"不懂他到底想说什么"的感觉。

能够解决对方的问题才是好提案

最具代表性的商务文案，是促使对方行动的提案型文案。这类文案的最终信息，最好是规范信息"应该……"。

当我们在制作提案型的简报或文案时，很重要的一点是**将提案定位成对方面临问题时的解决策略**。如果不这么做，你的提案对于听取简报的人而言只是杂音而已。要是提案能让对方觉得是重要问题的解决策略，一定会引起他的兴趣。

我这里说的对方，意指读者、听众等信息的接收者。假设你对公司高层做简报，这时候对方的问题等于自己的问题，也就是我们的问题。但如果是客户的问题，报告当中即使不用到"我们"这个字眼，你还是要设身处地为对方着想。

不管是对内还是对外做报告，最重要的是解决对方的问题，我们的提案必须聚焦于解决策略。尽管有些情况是例外，必须强调自己想解决的问题，像请愿书，但是无论如何，最好还是避免将提案定位成只是在解决自己的问题（就算是自己的问题，在提

183

案时也要让对方觉得跟他有关）。

厘清问题类型，做出切题提案

　　提案，也就是解决策略的定位，由**核心问题的类型**所决定。

　　假设对方的问题是要复原已损坏的东西，也就是恢复原状型问题，那么你的提案内容就是恢复原状所应该做的根本措施。如果不良状态不但存在，还持续不断恶化，提案就变成了应急处理。如果是为了解决重复发生的不良状况，提案就可能变成了防止复发的策略。

　　另外，如果对方的问题为预防隐患型问题，也就是放置不管便会产生不良影响，那么你的提案就是日后避免不良状态发生的预防策略。构思一个完美的预防策略是非常困难的，所以当制作这类问题的提案时，多半会一并考虑问题发生时的应对策略。

　　还有一种情况是：假设对方的问题为追求理想型问题，也就是目前没有大碍，只想变得更好，这时候你的提案就是实现理想的策略。如果对方还不清楚自己心中的理想是什么，那么虽然你不需要建议具体行动，但提案的内容应该是告诉对方如何选定合适的理想。

别让恢复原状成了找替罪羊

其实,即便是同一个现象,与其把它当作恢复原状型问题进行分析,还不如从追求理想型的角度来处理,在应对上会显得比较积极。其原因在于,假如你用恢复原状型的想法来分析问题,很容易将意识集中在"为什么会损坏",也就是找出原因上。特别是在较大的组织当中更是如此,很多时候,大家都把精力放在追究"这是谁的错"上面。

相较之下,如果用追求理想型的想法来分析,大家的意识就容易集中在"该如何修复",而不是问为什么损坏。**如果不执着于追问东西损坏是谁的责任,那么整个组织便能更积极地处理事情。**

你的理想可能是我的隐患

然而,即便是同样的现象,问题属于哪一种类型,也会随着当事者的立场而改变。例如,某企业追求公司成长而开发新商品。该企业思考的是开发新商品之后如何销售,这时候经营团队的观点会把它视为追求理想型问题。

但是,从销售负责人的立场来看,万一新开发的商品卖得不好就糟了,更何况还不知道新商品是否适合沿用目前的销售模式。这时候，对当事者而言，问题变成了"将来或许会产生不良状态"的预防隐患型问题。

所以，我们在**设定核心问题时，最好是站在对方的立场来思考**，如此一来，才能设计出与对方频率相同的文案。诚如前面所述，将焦点放在对方认为重要的问题上，提案的效果才得以彰显。

4.3 第二步：设定具体的课题

不是所有的商务写作都是"提案型"

到目前为止的解说，我都把商务文书设定为提案型。依照问题的类型，提案可以分为以下七种：

恢复原状型问题→ 根本措施、应急处理、防止复发策略（三种提案）

预防隐患型问题→ 预防策略、发生时的应对策略（两种提案）

追求理想型问题→ 选定理想、实施策略（两种提案）

可是，商务文书还有很大比例是涉及提案以外的各项课题。例如，当你被指派制作会议记录时，你不可能将会议记录设计成解决问题的故事展开型。会议记录与提案（提出解决问题的方案）不同，是以记述信息为主。

不只是会议记录，即便是解决问题的文书，也不一定都是提案型。假设我们正在处理恢复原状型问题，你可能需要一份以"掌握状况"为课题的文书；而在另一份文书中，你的主要课题可能变成"分析原因"；又或者，你必须在文书中指出表象问题后面的潜在问题，这时候你的课题就不是解决问题，而是指出真正的问题是什么。

如何立刻掌握课题范围

你的商务文书应该设定什么样的课题，必须视情况而定。在你确定了问题类型之后，重要课题的范围也就自动锁定完毕。若以金字塔结构来说明，就是**先决定主要主题的问题类型，然后关键主题的课题范围自然就被限定了**。接下来，再从中选出目前最重要的主题即可，见下图4-2。

在解决问题的过程中，经常被提到的重要步骤是"发现问题"与"设定课题"。如果我们没有发现问题，解决的过程根本无从开始；而若是没设定具体的课题，就找不到解决的

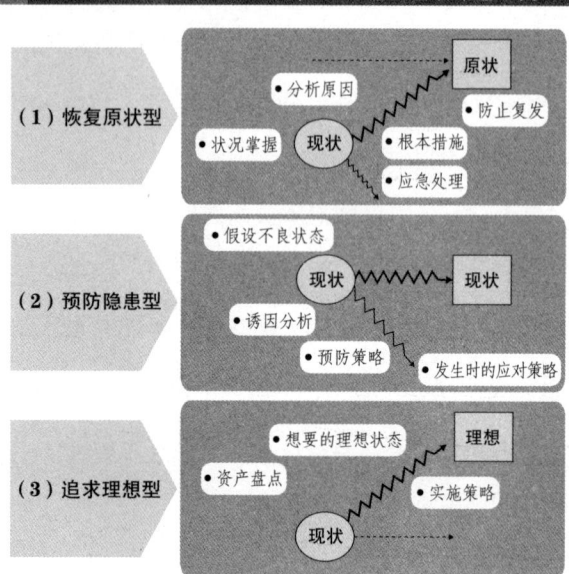

图 4-2　高杉法：问题的类型不同，对应的课题领域也不同

(1) 恢复原状型
- 状况掌握
- 分析原因
- 现状
- 原状
- 防止复发
- 根本措施
- 应急处理

(2) 预防隐患型
- 假设不良状态
- 诱因分析
- 现状
- 现状
- 预防策略
- 发生时的应对策略

(3) 追求理想型
- 资产盘点
- 想要的理想状态
- 理想
- 实施策略
- 现状

方向。

所谓"发现问题"，就是指设定问题的类型是恢复原状、预防隐患还是追求理想。而所谓"设定课题"，则是指选定"课题范围"。接下来，我将解说这个部分。

只要你意识到高杉法的图表，也就是确定问题是哪一种类型，知道应解决课题的范围，你就能够大幅提升发现问题和设定课题的效率。

一旦确定了核心问题的类型，并将课题范围依照顺序排列，反映在文案设计上，你就可以进行简明易懂的故事展开

（对方一下子就明白你看出了问题是什么，也知道你提出了什么解决方案）。

针对"恢复原状"，核心课题是"掌握状况"

"恢复原状"即是将损坏的东西恢复原来的状态。如果解决恢复原状型问题是主要主题，那么需要处理的课题范围也就是关键主题便如下所示：

> 掌握状况→是怎么损坏的？
> 应急处理→如何防止状况恶化？
> 分析原因→为什么会坏掉？
> 根本措施→知道原因后，如何做才能复原？
> 防止复发→应该怎么做，以后才不会又损坏？

恢复原状型问题的核心课题范围是"掌握状况"，之后是"分析原因"和"根本措施"，然而这些都只是一般情况。在某些情况下，必须让其他的关键主题先实行，也就是思考如何先做"应急处理"，以防止状况继续恶化。

"预防隐患"时,核心课题是"诱因分析"和"预防策略"

"预防隐患"就是目前没有明显的问题,但放任不管的话,事情会变得很糟糕。如果解决预防隐患型问题是主要主题,那么需要处理的课题范围也就是关键主题,便如下所示:

假设不良状态→ 不希望事物以何种方式损坏

诱因分析→ 何种诱因导致损坏

预防策略→ 如何防止不良状态发生

发生时的应对策略→ 发生时,如何将不良的程度降到最低

在思考预防隐患型问题的解决课题范围时,**经常会将预防策略与发生时的应对策略混为一谈**。预防策略的目的是降低不良状态的发生概率,而发生时的应对策略则是为了将已经产生的伤害降至最低。

例如,天空看起来快下雨了,为了不被淋湿,就要带伞出门,这是预防策略。另外,为了怕被淋湿,就要带着替换的衣物,这是发生时的应对策略。由于很难想出完美的预防策略,所以思考问题发生时的应对策略非常重要。

"追求理想"时，核心课题是"选定理想"和"实施策略"

"追求理想"，是指某事物未来不会发展成不良状态，但仍想改善现状。如果解决追求理想型问题是主要主题，那么关键主题的涵盖范围如以下所示：

资产盘点→自己的强项和弱项是什么？
选定理想→根据实力决定目标
实施策略→决定达成目标的顺序

4.4 第三步：确定课题后，要列举替代方案

三类问题各有相应的替代方案

解决问题，最终期望的就是实施解决策略，以消除现状与期待之间的距离。在你决定采取哪个解决方案以前，最重要的是仔细斟酌，先列出具有潜力的**替代方案**，这是解决问题的重要步骤之一。

如果情况是要将损坏的东西复原，也就是恢复原状型问题，那么替代方案的课题范围就会涵盖了应急处理、根本措施

以及防止复发策略。

确实，在恢复原状型问题要处理的五种课题当中，分析原因会不禁让人冒出疑问："真正的原因是A、B或C？"可是，这些都不能叫做替代方案。其原因在于，分析原因时，问题发生的可能原因并不是你选出来的，而是经由分析之后才显现的。既然称为替代方案，就代表你选择的是可以当作解决策略的行动。

如果情况是要维持现状，也就是预防隐患型问题，那么预防策略和发生时的应对策略皆有可能成为替代方案。

假如情况是追求状况改善，也就是追求理想型问题，那么"实施策略"中便会产生出许多替代方案。虽然"选定理想"的解决策略不具行动性，但可以产生替代方案，因为选定理想就是从许多方案当中选择一个。

用头脑风暴法构思替代方案

"头脑风暴"在构思替代方案时非常有效。1939年，美国的亚历克斯·奥斯本（Alex Faickney Osborn）提出这个方法，专门用于激发出团体的创意。为了让各方自由地提出意见，头脑风暴法有以下四个基本规则：

（1）不能批评别人的想法
（2）尽量提出大量的想法
（3）欢迎自由奔放的发言
（4）发展别人的想法

其中，最重要的规则是不能批评别人的想法。从头到尾都不要进行评论，只管提出想法，重点在于**清楚地区分想法的选取与评价的程序**。所以，在头脑风暴时，绝对不能说出以下的句子："不可能那么顺利啦""太不切实际了""成本太高了""太难了""无聊"等。让大家毫无顾忌地提出意见，营造出轻松自由的氛围是很重要的。

为了尽可能网罗所有选取到的替代方案，头脑风暴是一种有效的手段。但是，在设计提案书时，我们不必罗列经由头脑风暴所选取到的原始意见，也不应该这么做。原因在于，说明者介绍过多的提案，只会让对方产生混淆，而且就连说明者自己也容易产生混淆。所以，大概提出三个切合实际的提案即可。关于替代方案的提出方式，我将在后面做出说明。

4.5 第四步：评价各替代方案

根据必要条目和优先条目来评价

选出几个替代方案之后，接下来的步骤是评价这些方案，也就是评估各方案的利弊得失。在评价阶段，最重要的是确切的评价条目和评价标准。就如同评价信息的论证，评价替代方案时要根据评价条目和评价标准，对替代方案进行评价。如果弄错步骤，就很难选出最佳的解决策略。

在列举评价条目时，**最好把其中的必要条目与优先条目分开，分别评价替代方案**。所谓"必要条目"，如同字面上的意思，是解决方案当中不可或缺的条目，如果一个提案没有涵盖必要条目，那么你不必考虑其他条目，就可以直接剔除（例如，身高165厘米是空服人员的必要条目，没到165厘米的人就一律淘汰，其他条目都不必再看了）。另外，虽然优先条目并非一定要具备，不过有的话最好。

列举必要条目时，最重要是确认依据必要条目所提出的解决策略是否真的能够解决问题。当然，早在选定替代方案的阶段，就是因为已经判断它能够解决问题，所以才选出这个提案。即便如此，在评价阶段，最好还是再做确认，以免等到投入庞大的成本之后才发现必要条目其实并非解决问题的关键。

替代方案不能只评估好处，风险也要评估

在评价替代方案时，也就是在我们选择行动时，要一并考虑伴随而来的不确定性与风险，这才是聪明的做法。虽然风险有大有小，但是要记得所有的行动都带有风险。

有的风险可能是为了将提案付诸实现需进行的巨额的资金调度；有的风险则是提案有可能无法顺利推动，而且就算顺利进行，也很难确保没有副作用。既然提案一定带有风险，那么当我们评价替代方案时，**不能只评估它的好处，也要评估风险**。

4.6 第五步：实施解决策略

如果问题太简单，公司就不需要你了

不论你制定了多么优秀的解决策略，只要没有实际行动，就不可能产生预期的效果。不论是恢复原状型问题的根本措施，还是预防隐患型问题的预防策略，如果没有付诸实施的解决策略，都不过是画饼充饥而已。因此，实施解决策略，也是解决问题的重要步骤之一。

阻碍解决策略有效执行的因素有很多，下面举出几个最具代表性的因素：

执行团队有策略但没有方向，没有具体的实施计划。
执行团队不理解这个解决策略。
执行团队原本就不具备实施能力。
执行团队没有实行意愿。

不管什么策略，实行不外乎五步骤

想要避免前述几种执行中的障碍，最好仔细思考以下的实行步骤。假使同时有多个实施方案，大家可以套用前述评价替代方案的要领来做评价。一般而言，策略的实行步骤有五项：

1. **设定实施的终止期限**：即使具有监控和调整方向的机制，还是一定要记得设定解决策略的完成期限。

2. **选定实施项目**：要清楚实施解决策略时的必要条件是什么。可以运用头脑风暴法。

3. **学习知识或技能**：了解需要学习什么样的必要知识和技能，才能完成实施策略的工作。

4. **制作实施进度表**：从终止期限逆推回去，把各个实施项目的相互关系呈现出来，同时列出相关人员学习知识和技能的进度表。

5. 修正期限以及开始行动：根据步骤四的工作结果，修正预定终止期限，然后开始行动。

依据以上的实行步骤，可以排除许多实施解决策略时的阻碍。只是，步骤三的学习知识或技能，或许不能尽如人意。如果执行团队的能力不足、没时间学习必要的知识与技能，那么就只得配合他们的执行能力，修正解决策略，才是聪明的做法。

即便解决策略再怎么完美，假如实施率过低，效果必定不好。即使是100分的实施方案，如果只做到两成，效果也只有20分。所以，必须衡量执行团队的能力，把实施方案的满分降到70分，如果实施了九成，那么效果就有63分，实质上增加了43分。就现实层面来说，与其追求完美的解决策略，倒不如把目标放在实质的效果上。

"动脑的"别忘了和"动手的"沟通

前面提到，阻碍解决策略有效实施的最后一个因素，是"执行团队没有实行意愿"。为了排除这项阻碍因素，决策者与执行团队必须充分沟通。执行团队并没有参与决策过程，所以有时候会没有实施动机。

所以,即使执行团队没有参与决策过程,决策者也要清楚交代这些决策是怎么来的,以提升执行团队的实行意愿。此外,关于策略的目的以及进度的评价标准,决策者也应该与执行团队密切沟通。

学会高杉法,局面立刻扭转

到目前为止,我们学习了解决问题的五个步骤。尤其是高杉法特有的两个步骤:问题类型化以及课题范围的设定,对于提高解决问题的效率非常有用。为了让读者了解这两个步骤实际应用在营业活动上的情况,接下来我会介绍三个案例给大家做参考。

事例一:高级化妆品美容部人员的案例

A小姐是某著名化妆品公司的美容部人员,在某知名百货的化妆品专柜,负责提供咨询及销售的服务。有一天,一位中年女性来到专柜,想要处理脸上的斑点。A小姐为那位女性做完皮肤诊断之后,立刻慎重推荐了能够根本解决问题的祛斑美白化妆品,以及防止复发的UV护理产品。可是,这名女性似乎意兴阑珊。最后才知道,原来她隔天有同学会,想要马上就可以遮住斑点的东西。

A小姐说,如果能先理解问题类型,掌握重要课题的分析架构，应该可以更快、更有效率地完成服务工作。也就是说，A小姐认为问题类型是恢复原状，但那名女性关心的却是应急处理。从一开始，A小姐就认定问题集中在根本措施和防止复发。但是针对这位中年女性客人而言，比较有效率、有效果的服务方式绝对是先介绍顾客想要遮住斑点的化妆品，再推荐祛斑和UV防护商品。

事例二：内视镜医药代表的案例

B先生是某光学仪器厂商的内视镜设备医药代表（MR）。由于销售的是医疗器材，因此用户几乎都是医师。有一次，某位医师客户的内视镜发生问题，B先生赶紧出门，要向这位客户说明情况，并且更换零件。B先生心想一定得好好解释才行，所以花了相当多的时间去说明发生问题的原因。然而，医师已经快要忙翻了，就听得有些不耐烦。B先生看到客户的反应，赶紧结束说明。

B先生说，如果我事先学好问题类型和设定课题的分析架构，就能够了解医师客户关心的课题是恢复原状型问题的应对策略，特别是防止复发的策略。B先生表示，打算今后把这套分析架构运用在其他的营业活动上。

事例三：负责法人顾客的大型银行人员案例

C先生是业务员，在某大型银行的投资部门负责法人顾客。负责的顾客是股票非上市、未上市的中型企业。业务内容除了融资，还包括经营咨询。C先生心想："应该要跟客户谈论积极的内容。"于是，他花了一些时间向某位客户介绍几家并购目标，说明通过企业并购可以提升营业额，促进公司更进一步成长。虽然对方愿意听他说明，态度却显得犹豫不决。C先生心想这样下去不会有结果，于是改变策略，开始介绍可以避免成本扩大的并购案，据说对方非常感兴趣。

C先生说："以问题类型和设定课题的分析架构来说，比起追求理想，客户对于预防潜在的问题更有兴趣。"他表示："如果一开始就想清楚问题类型，再来服务客户，应该能够更快提出对方感兴趣的提案。"

你可以自己演练

一、练习题

问题一：发现问题和设定课题

下面的提议，应该归于哪一种问题类型中的哪一种课题领域？不必考虑提议的内容是否妥当。请判定下面例题的问题类型和课题领域。

例题：

对象：继承家业的第二代年轻经营者

状况：这个品牌与地区生活紧密相连，营业额很稳定。即使维持现状，经营上也不会有显著的困难。

发现问题：但是，身为第二代经营者，他希望可以更进一步发展。

设定课题：应该追求的理想目标为何？

提议：在坚持地方品牌风格的同时，应该以成为全国品牌为目标。

解答范例：针对<u>追求理想型</u>问题的<u>选定理想课题</u>，所做的回答。

1. 对象：网络购物公司的员工

   状况：稳定发展的网络购物公司，营业额持续提升。

   发现问题：但是，如果照这样持续扩大顾客层，现有的系统将无法负荷。

   设定课题：如果现有的系统死机，应该如何处置？

   提议：立即停止新顾客登录，并且，将无法应付的部分外包给数据管理公司。

   解答：针对_____型问题的_____课题，所做的回答。

2. **对象**：身负 P/L[①] 责任的厂长

   状况：制造成本逐年增加。

   发现问题：现在面临必须降低制造成本的情况。

   设定课题：为什么制造成本会增加？

   提议：由于资深员工纷纷退休，产品的合格率降低。

   解答：针对＿＿＿＿型问题的＿＿＿＿课题，所做的回答。

3. **对象**：科技创新企业的社长

   状况：这几年都持续成长。

   发现问题：为了实现进一步的成长，必须并购其他的公司。

   设定课题：应该采取何种并购手法？

   提议：应该与投资基金合作，采取敌对性融资并购[②]的手法。

   解答：针对＿＿＿＿型问题的＿＿＿＿课题，所做的回答。

4. 这次我被派到非洲某个国家出差。(a) 我准备了值得信赖的医疗机构的资料，万一身体不适，可以立即就

[①] 即"损益表"（Profit and Loss Statement）。——译者
[②] 英文为 Leveraged Buy-Out，LBO。——译者

医。当然，我还带了许多特效药。(b)尤其是疟疾、狂犬病、黄热病等，真的很可怕。(c)我已经注射了预防针，还准备了蚊香和杀虫剂。(d)最好不要靠近狗，注意不要受伤，要避免喝生水、吃生食。(e)疟疾和黄热病都是经由蚊子而传染，破伤风是因为有伤口，狂犬病则是因为被狗或小动物咬伤所造成的。而其他的疾病，都是经由饮水或食物而传染。

问题类型：＿＿＿＿型问题

课题范围：

   a. ＿＿＿＿＿＿＿＿   b. ＿＿＿＿＿＿＿＿

   c. ＿＿＿＿＿＿＿＿   d. ＿＿＿＿＿＿＿＿

   e. ＿＿＿＿＿＿＿＿

二、解答与说明

问题一：发现问题和设定课题

1. **解答**：针对<u>预防隐患</u>型问题的<u>发生时的应对策略</u>课题，所做的回答。

  状况：稳定发展的网络购物公司，营业额持续提升。

  发现问题：但是，如果照这样持续扩大顾客层，现有的系统将无法负荷。

→目前还不会发生不良状况。但是，如果放置不管，发生不良的可能性很高，因此是预防隐患型问题。

设定课题：如果现有的系统当机，应该如何处理？

→因为这是应对实际发生系统死机时的处理对策，所以是问题发生时的应对策略。关键是不要跟预防策略弄混了。如果是预防策略，课题设定应该变成："为了不让系统死机，应该如何处置？"

2. **解答**：针对<u>恢复原状</u>型问题的<u>分析原因</u>课题，所做的回答。

   对象：身负 P/L 责任的厂长

   发现问题：现在面临必须降低制造成本的情况。

   →因为不良状态浮现，所以是恢复原状型问题。

   设定课题：为什么成本会增加？

   →因为追究根本原因，所以是诱因分析的课题。

3. **解答**：针对<u>追求理想</u>型问题的<u>实施策略</u>课题，所做的回答。

   发现问题：为了实现进一步的成长，必须并购其他公司。

   →因为追求进一步的成长，所以是追求理想型问题。另外，这里还包含了面对并购其他公司的选定理想课题。

设定课题：应该采取何种并购手法？

→追求并购其他公司的理想时，必须处理实施策略的课题。

4. **问题类型**：预防隐患型问题

   课题范围：

   a. 发生时的应对策略（关键是"特效药"）

   b. 假设不良状况

   c. 预防策略

   d. 预防策略（和 c 一样，尝试降低不良状况发生的概率）

   e. 诱因分析

第 5 章

有说服力的故事如何展开

你会说"商业用"的故事吗?

- 故事的本质
- 用 SCQOR 铺陈
- SITUATION（设定状况）
- COMPLICATION（发现问题）
- QUESTION（设定课题）
- OBSTACLE & RESOLUTION（克服障碍和解决、收尾）
- 故事的核心部分如何展开?
- SCQOR 的实例

在第5章中,我们将以第4章的问题类型及其个别课题范围的知识为基础,来学习制作文案时如何有结构地展开故事。具体而言,我们将学到适用于解决各种类型问题的故事展开法,也就是将SCQOR故事展开法应用于问题解决过程。换句话说,就是学会如何叙述一则解决问题的故事。

5.1 故事的本质

有逻辑的故事就是"关键层级"环环相扣

在展现逻辑表现力的商务写作中,设计文案时要非常注意"故事展开"。故事展开包含了内容方面与结构方面。虽然每份文案的内容包括主题、时代、当事者等,往往千差万别,但是在结构上多半都拥有共同之处。所谓"结构性的故事展开",是指文案整体大方向的发展。

从金字塔结构来说,我们要探讨的是:在主要主题之下,支撑着文案的各个关键主题之间存在何种关联性?我们最终都要将信息(句子)填入主题中,这时候关键信息之间会产生什么样的关系,并向主要信息发展?换句话说,**金字塔结构中,关键主题这个层级的发展流程,就是一种结构性的故事展开**

图 5-1　故事的整体面貌

故事将信息组合成逻辑金字塔。重点在于，以明确的连接词串起所有信息。

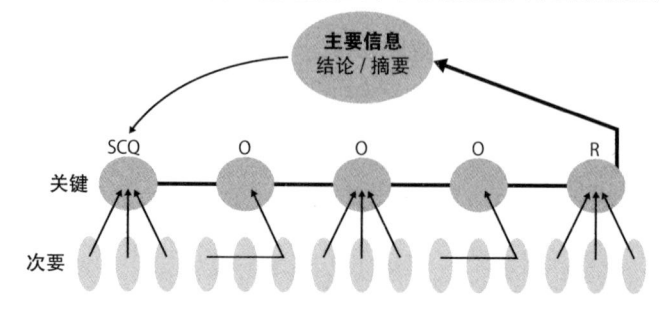

（图 5-1）。

在这里，我想从结构上（而非情节内容）来分析故事展开，并强调故事展开就是关键主题之间的关联性。

连接词，将你的故事情节变紧凑精彩

为什么我们必须重视故事的展开？原因在于，即使个别的信息看起来很有逻辑，也很明了，但是只要这些信息之间的相互关系不清不楚，接收者吸收的内容就极为有限。这时候，**即使你塞再多零碎的信息给对方，也很难让他完全了解**。例如：

> A公司的经营团队，终于开始重视精神卫生了。
> A公司的平均加班时间，并不比其他同行来得长。

A公司的员工发生心理不适的概率是业界的三倍。

即使你传达出这些信息，对方也确实理解个别信息的内容，但光是如此，恐怕对方根本摸不着头绪，于是会问："到底你想表达什么？"如果你可以清楚写出信息之间的相互关系，例如：

"A公司的经营团队，终于开始关心精神卫生了。"因为
"A公司的平均加班时间，并不比其他同行来得长。"
不过
"A公司的员工发生心理不适的概率，是业界的三倍。"因此……

这样的表现，比较能够稳定接收者的心理。说得极端一点，即使接收者不太理解个别信息的内容，只要能够理解每则信息之间的相互关系，也能让他觉得安心。例如，即使A和B的信息很难理解，但是你只要传达给对方"A为B的原因，B为A的结果"，他心中自然会产生一定的安定感。也就是说，明了的故事展开可以促进理解。当然，最好还是内容和关系二者都能明了地传达给接收者。

说到这里，我想很多读者应该已经发现，所谓的关系或

是关联性，不就是在第2章曾介绍过的"逻辑连接词"吗？没错，逻辑连接词就是清楚表现出信息关联性的记号。

所谓"故事展开"，是指金字塔结构最重要的关键层级中，**逻辑连接词如何串联信息**。当然，关键层级之下的次要层级，或次次要层级，也有故事展开。如果以电影或戏剧来比喻，关键层级的故事展开就是"幕"，像是第一幕、第二幕，而次要层级为"景"，次次要层级则对应为"段"。

主要主题也是如此，几个主要主题可以串成一个故事展开。像是系列电影《星球大战》分为前传三部曲、正传三部曲、后传三部曲和外传两部，而这些电影又共同建构出一个更浩大的故事。接下来，我们要从结构的角度来学习故事展开。

5.2　用SCQOR铺陈

故事展开的基本流程为S→C→Q→O→R

要将故事做结构上的展开，SCQOR是一个有效的架构（图5-2）。

图 5-2　S-C-Q-O-R

Situation（设定状况）	Complication（发现问题）	Question（设定课题）	Obstacle（克服障碍）	Resolution（解决、收尾）
介绍主角，不管好坏，都要先写出目前稳定的状态。	描写出失去稳定的混乱，确定问题类型。	针对这个问题，确认对主角而言重要的课题是什么。	描写替代方案的立案或实施等课题解决的过程，并描绘如何克服困难。	将克服困难而达成的提案，定位为课题的解答。

故事的导入：读者（听众）拥有共同经验时，可以缩短

故事的核心：在整个故事中，这个部分最长

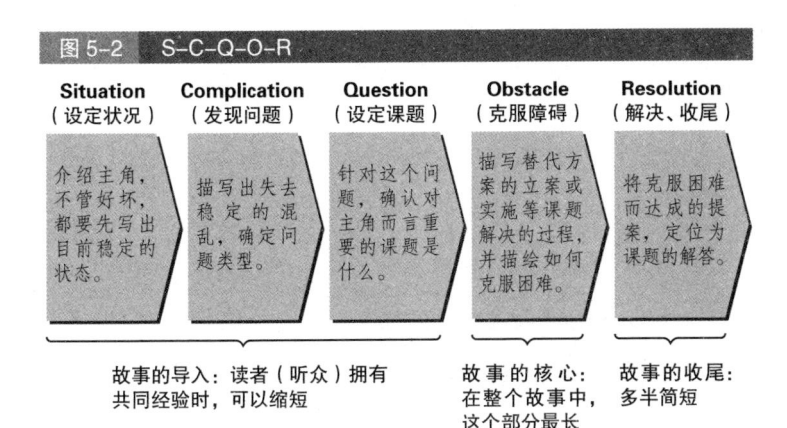

故事的收尾：多半简短

如果在设计文案时，能将展开故事的架构和前面学过解决问题的架构一起合并使用，效果会非常好（图5-3）。

图 5-3　故事展开过程与解决问题过程的比较对应

故事展开的基本步骤	Situation 设定状况	Complication 发现问题	Question 设定课题	Obstacle 克服障碍	Resolution 解决、收尾
解决问题的基本步骤	❶ 发现问题，并归类	❷ 选定具体课题	❸ 选出替代方案	❹ 评估替代方案	❺ 实行解决策略

这个图所设定的流程，至实行解决策略为止。视设定课题领域的方式(Q的设定)而定，有时也有可能不会产生替代方案和解决策略。

所谓"SCQOR",就是以下各个项目第一个字母的缩写[1]:

S:Situation(设定状况)

C:Complication(发现问题)

Q:Question(设定课题)

O:Obstacle(克服障碍)

R:Resolution(解决、收尾)

如果将"SCQOR"大致做出区分,SCQ为故事的导入,O为故事的中心,R则是故事的结果。一般来说,故事的导入和结果的内容比较少,故事的中心内容篇幅最多。

以大家熟知的"起、承、转、合"架构来做对照,感觉上,SCQ为"起",O为"承、转、承、转、承、转",R为"合"。

另外,以"导入、展开、收尾"来做对应,SCQ为"导入",O为"展开",R为"收尾"。

首先,我们分析一篇比较简短、以SCQOR结构来展开故事的例子。

A小姐长年任职于某成衣大厂东京总公司的财务部

---

[1] 为了便于阅读,读者可以将它念成谐音"思扩"。——编者

门。某日，上司试探她是否愿意转调地方分公司的业务部门，A小姐被迫面临做出是否愿意转调的决定。她多方考虑今后的职业生涯规划与家庭状况，最后决定转调。

开头的"A小姐长年任职于某成衣大厂东京总公司的财务部门"就是S（设定状况），这里除了介绍故事主角，还表现出她目前稳定的状况。

接着的"某日，上司试探她是否愿意转调地方分公司的业务部门"，就是C（发现问题），颠覆了目前稳定的状况。这时候，职位对A小姐来说没有不良的感觉，如果她把上司的试探当成一次机会，这就是一个追求理想型的问题。

接下来，"A小姐被迫面临做出是否愿意转调的决定"是Q（设定课题）。假设，A小姐认为到地方分公司累积业务经验，是达成自己职业生涯目标的必经之路，这就是一个实施策略的课题。

然后，"A小姐多方考虑今后的职业生涯规划与家庭状况"是O（克服障碍）。这里为了缩短故事，只好提高抽象度，简略带过情节，否则你可以更具体地描写A小姐内心的挣扎。内心种种"克服障碍"的情节，便是故事的核心。

结果，"最后决定转调"为R（解决、收尾）。接收者会想知道接下来的发展，但那是故事的续集了。

5.3　SITUATION（设定状况）

先介绍主角

现在大家对"SCQOR"型的故事展开步骤应该有初步了解。接下来，我们再更深入地分析各项要素。

首先是S（设定状况）。传递者（也就是你）要先介绍故事的主角，同时要让信息接收者知道主角**目前处于稳定的状态**。主角可以是人，也可以不是人，可以用公司、某部门或某职位等来表现，也可以是行业或是地区。然而，其必要条件是，**主角即使不是人，也必须拥有某种意志或愿望，或者是可以采取某种行动的主体**。

主角不是人类的例子不胜枚举：夏目漱石的著作《我是猫》的主角为猫，迪士尼的米老鼠系列作品的主角是老鼠，《托马斯和他的朋友们》的主角是火车，向法人顾客提出的提案书里面的主角应该是对方的企业。在大多数的情况下，商务人士会把对方的企业当作主角。

然后叙述持续至今的稳定状况

在S的阶段，除介绍主角之外，还必须依照时间顺序描述状况，这是S阶段最核心的主题。**所谓"状况"，是指不管好坏，到目前为止持续发生的稳定状态**。换句话说，像是"持续好的状态""持续不好的状态"，或者"没有发生任何事，只是时间流逝"都可以；甚至，"持续不稳定的状态"也可以，因为这句话的内容有连贯性，就是状态持续不稳定。

为了让读者思考S所指为何，我举一个例子：

（S）DIY公司是一家与小区生活紧密相连的DIY用品零售商，在东京卫星都市的新兴住宅区拥有九家同类型的店铺。这家公司是未上市的家族企业，近几年的年成长率都达到20%。公司所有人T氏推动的一项政策，获得极高的评价，那就是员工为来店顾客进行简洁易懂的销售说明。公司的商业模式是：向制造商大量采购产品，压低进货价格，借此将零售价格设定在低价位。

这个例子，大体上表现出到目前为止主角持续稳定的良好状态。就涵盖范围来说，包括了企业整体的经营状况。主角设定为DIY公司，是一家销售DIY用品的零售商，所有人为T氏。这就是以设定状况来带出故事舞台的展开方式。

接着，我们再来看一个例子。

（S）自20世纪90年代创业以来，本公司"顽张企业"以网络组件（Groupware）为核心产品，为法人客户提供软件服务。我们的经营理念为"顾客满意"，持续努力开发产品和服务，以简化复杂的信息系统。

现在，使用本公司的主力产品——综合软件"奇迹公司系列"——的企业，全国已经超过19000家，本公司远远超越其他同行，稳居业界龙头。

这个例子，同样表现出主角到目前为止持续稳定的良好状态。就故事的涵盖范围来说，锁定了某一类的特定产品，同时也定义了舞台设定（法人）和世界观（业界龙头）。

接下来，我们用同样的例子，但是把后半的情节发展修改一下：

（S）自20世纪90年代创业以来，本公司"顽张企业"以网络组件（Groupware）为核心产品，为法人客户提供软件服务。我们的经营理念为"顾客满意"，持续努力开发产品和服务，以简化复杂的信息系统。

虽然使用本公司的主力产品——综合软件"奇迹公司系列"——的企业，全国已经超过7000家，但是最近这几年，已经被竞争对手A公司的产品拉开相当大的差距。

这个例子表现出具体的竞争关系，而后半部分显示公司情况并不乐观。也就是说，在S（设定状况）的阶段，不管是好是坏，介绍完主角之后，还要简要地归纳出目前的稳定状态。

要设定好故事的涵盖范围

从前述的例子，你应该已经了解到，S的任务是介绍故事的主角，同时还要设定故事展开的涵盖范围。

在S的阶段，**传递者要决定故事结构中的舞台应该涵盖多大的领域**。是宇宙、银河系、太阳系、地球、亚洲、日本、东京还是东京的杉并区？是世界经济、某个特定的行业、某家企业、某个部门还是某个特定的产品与服务？首先，要提出一个（故事的）世界观。

（S）美国大型综合通信系统公司亚历桑那系统公司，所开发的视频会议系统"临场R"，具有高分辨率画面和高质量音效，强化了临场感，在美国及欧洲市场上展现出强势的销售实力。这家公司采取的多品类策略，领先其他同行。今后，在日本市场这块处女地上，亚历桑那系统公司的经营团队亦打算持续采取攻势。

故事的主角为亚历桑那系统公司的经营团队。这个故事展开的核心，也就是舞台设定，应该是今后该公司进军日本市场的评估。因此，如果在S之后陆续开展的C、Q、O、R都与日本市场无关，从头到尾都在描述欧洲市场的策略，那么接收者一定会觉得非常怪异。

一开场的状况描述要勾起认同感

S阶段所叙述的内容，一定要能让接收者产生共鸣。设定状况时，最重要的是相关内容必须合乎接收者的知识、信念、感情或是愿望。因此，用前述亚历桑那系统公司的例子来说，如果让读者产生以下的负面反应，那就不好了：

什么！"临场R"在欧洲似乎陷入苦战。
原来"临场R"的强项是低价位。
他们对日本市场似乎没兴趣。

如果让接受者产生"原来你什么都不懂"的印象，那么就很难让对方接受你展开的故事。因此，重要的是，传递者**必须让接收者读完（或听完）设定状况的内容，产生"对对，你说得没错"的反应**。只有先获得对方的认同感，才能在S之后继续发展C与Q。

S阶段的基本方针是：正因为接收者已经了解，所以更应该表达出来，千万别以为"他们已经知道了，所以不讲出来也没关系"。

5.4　COMPLICATION（发现问题）

颠覆现状，但让对方起共鸣

紧接在S（设定状况）之后的是C（发现问题）。C颠覆了S的稳定状态，换句话说，C表现出事情发生变化。你可以把C当成第4章中提到的"发现问题"。

诚如前述，以逻辑表现力的角度来说，商务文案多半在寻求问题的解决之道，也就是说，几乎都是"修理损坏的事物""不让事物损坏""让事物更好"等解决问题的方法。因此，除会议记录之外，当我们在设计文案时，最好要意识到解决问题的过程才有说服力。

C的作用在于，确认主角面临的问题类型。你安排C出场，颠覆了S的稳定状态。依据你叙述的剧情，问题类型也会变得不一样。具体而言，有以下三种问题类型：

- 恢复原状型：必须修复已损坏的事物，不能放任不管。
- 预防隐患型：目前没问题，但希望将来不会损坏。
- 追求理想型：目前没有障碍，但希望能更好。

C扮演的角色，在于根据故事的情节，确定问题属于三种类型中的哪一种，并以此作为核心表现。这时候，与S一样，**你必须选择符合接收者认知的问题类型。**

假如接收者的认知是"事物已经损坏了"，但是你仍然大声主张"目前没有障碍，希望能更好"，那么只会让对方认为"你不懂，东西已经坏掉了"。如果发生这样的情况，对方大概很难接受接下来的故事展开。

然而，如果传递者的认知是"事物已经损坏了"，但是对方相信"事物没有损坏，现在还很好"，那么传递者最好还是用追求理想型的问题来展开故事，说服力会比较高。

原本，撰写提案文案的目的即在于促使接收者能够采取传递者所暗示的行动。因此，传递者不一定要改变接收者认识问题的角度，反而要迎合接收者对问题的认识。

打破开场时给对方的安定感

在这里,我们将从S到C的故事展开过程中,具体分析C的概念。我继续用前面的例子,来看看C的阶段该如何表现。在这个例子当中,C的阶段表现出一个追求理想型的问题。首先重复一次S的阶段:

(S)DIY公司为一家与小区生活紧密相连的DIY用品零售商,在东京卫星都市的新兴住宅区拥有九家同类型的店铺。这家公司是未上市的家族企业,近几年的年成长率都达到20%。公司所有人T氏推动的一项政策,获得极高的评价,那就是员工为来店顾客进行简洁易懂的销售说明。公司的商业模式是:向制造商大量采购产品,压低进货价格,借此将零售价格设定在低价位。

接下来,为C的阶段:

(C)最近,制造商的承办人表示,他们开始实施提早支付奖励制度,也就是如果能在15天以内支付账款,将提供30%的折扣,希望DIY公司加入这个制度。经过T氏的试算,这个制度对于公司的营收十分有利,非常有吸引力。不过，要将现在平均60天才需要付清的款项缩短到15天以内付清，必须增加相当多的周转金。况且，公司未来的目标是增加店铺数目，但是资金调度已达极限。

诚如各位所见，厂商邀请DIY公司加入提早支付奖励制度这件事，成为颠覆S稳定状态的原因。即使没有加入这个制度，对DIY公司的现状也没有任何影响。不过，如果能够善加利用这个机会，就可以享受巨大的利益和优惠。因此，这是一个追求理想型问题。

可是，在追求理想的过程中，必须增加庞大的周转金。同时，DIY公司未来的目标是增加店铺数目，这也需要钱，但是公司的资金调度并不宽裕。于是，事情变得复杂起来，因为C的阶段，原本只是发现问题，现在却产生了选定理想和资产盘点等课题，而这些都属于追求理想型问题。

假设从S到C（从稳定状况到颠覆稳定状况）是文案或简报的一部分，而报告的对象为T氏，那么故事的内容必须能激发T氏的共鸣，让他说出："嗯，你说得对。"

5.5　QUESTION（设定课题）

你能马上看出该解决的课题是什么吗？

C（发现问题）之后是Q（设定课题）。从S到C的过程中，反映出主角的疑问。如果以解决问题的分析架构来比喻，那就是：发现问题后，接下来就必须设定课题（也就是问题的背后应解决的课题是什么）。Q阶段中的课题设定，必须根据C阶段的结果，也就是你认为这是什么问题类型而设定课题。

例如，如果在C阶段所认定的问题属于恢复原状型，那么出现在Q阶段的课题必然是以下当中的一个：

- 掌握状况
- 应急处理
- 分析原因
- 根本措施
- 防止复发

除非客户或上司有所要求，否则课题必须依照以上所提示的顺序逐一表示。**此外，由于课题领域是累积的，因此后面的课题会包含前面的课题。**换句话说，当你想要处理分析原因的课题，就要先处理掌握状况和应急处理的课题。当然，在某些状况里，不会出现应急处理的课题，但是绝对不能省略掌握状况的课题。其原因在于，先掌握状况，才会有原因分析。同样，如果你想处理根本措施的课题，那么你要先分析原因，并对前面的课题有相当的理解。在处理防止复发课题的时候也是如此。

假设在C阶段所认定的问题类型属于预防隐患型，那么Q阶段所设定的课题必然是以下当中的一个：

- 假设不良状态
- 诱因分析
- 预防策略
- 发生时的应对策略

如果你要表现的故事内容**涵盖了全部的课题**，那么最自然的呈现就是依照以上的排列顺序来表现。与恢复原状型问题的课题领域一样，这些策略工作都是累积性的，如果前面一项没完成，进行下面一项也没用。所以，当你描述预防策略时，自然会先提到前面的"假设不良状态"以及"诱因分析"。

如果，在C阶段认定问题属于追求理想型的话，则Q阶段的课题设定将包括：

- 资产盘点
- 选定理想
- 实施策略

至于说明的顺序和特性，则与前述其他的问题类型相同。接下来，我们考虑DIY公司从S到C的过程，就可以得出Q。

（Q）在资金不足的制约下，DIY公司的T氏开始思考，如何在增加店铺数目的目标以及加入制造商提出的提早支付奖励制度之间找到折中的平衡点。

由于不用资产盘点便知道现金不足，而且理想已经选定，那就是又要增加店铺，又想得到折扣。因此在Q的阶段，主要的故事内容为：解决追求理想型问题当中的实施策略的课题。不过，在说明实施策略的课题之前，要先简单提及资产盘点和选定理想的课题，才能保持故事的完整性。

思考周全，以免当场被考倒

在Q的阶段，是要按部就班铺陈整套课题，还是只讲一两个课题，必须视情况而定。在恢复原状型的问题当中，你可以只将"掌握状况"作为主题，不必进一步分析原因。同样，在追求理想型的问题里，也可以将焦点集中于资产盘点。或者，在某些情况下，只选定理想，而将实施策略留到后面再说明。个中关键在于，**接收者期待你讲到哪里？**

或许，你认为"今天的简报只说明到掌握状况"就好，可是对方却急着寻求答案："就算是假设也好，请告诉我原因。"即使回答他："这份文案并非最终报告，所以只处理到假设不良状态和诱因分析。"对方也可能会追问："在目前这个阶段，你对预防策略有什么想法？发生时的应对策略呢？"所以，即使是假设，也最好以全套的概念思考课题领域，以免当场被考倒。

故事的导入部分"SCQ"务必紧凑

在进行分析时，除要用全套完整的概念来思考出现于Q阶段的课题之外，还必须将SCQ（设定状况 → 发现问题 → 设定课题）视为同一组才行。诚如前述，SCQ为故事导入的部分，因此最好能用简短的语言来表现，让接收者很快进入状况。不过，当你得知接收者对于SCQ的认识、知识及理解都不足时，便应该增加解说的长度，这样比较有利于沟通。

5.6 OBSTACLE & RESOLUTION（克服障碍和解决、收尾）

"OR" 找回失去的安定感

Q（设定课题）的下一个步骤为O（克服障碍）。在O的阶段，要解答Q阶段所设定的课题，换句话说，这个阶段的工作重点是找回C阶段打破的安定感。另外，O的过程是故事展开的核心，篇幅最长，大约占了整体篇幅的六到七成（图5-4）。

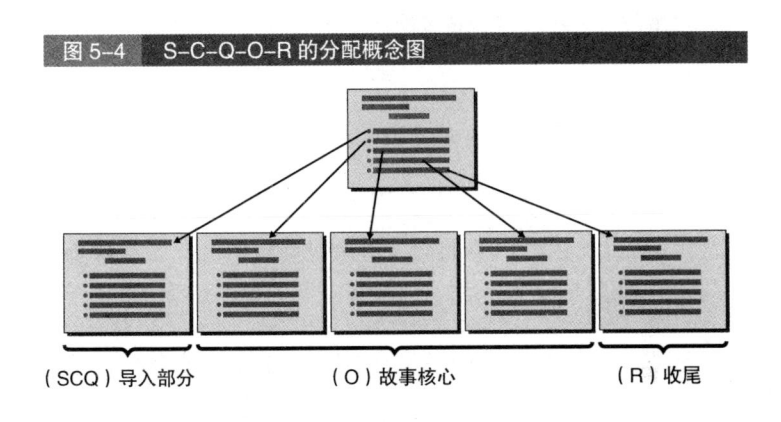

图 5-4　S-C-Q-O-R 的分配概念图

（SCQ）导入部分　　（O）故事核心　　（R）收尾

传奇的戏剧作家罗伯特・麦基（Robert McKee），对于"故事"做出以下诠释：

所谓"故事"，本质上为描写人生的变化及其理由。

故事会从人生比较稳定的状态开始。所有的一切都是安稳的，并让人觉得那份安稳会永远持续下去。可是，发生了某件事，那份稳定土崩瓦解了。（省略）接下来的内容，会描写主角想要恢复稳定的主观期待，与阻挠他实现理想的"客观事实"，这二者之间所形成的冲突。

优秀的讲故事者，会生动描述主角克服困难的过程。主角会深思熟虑，运用自己为数不多的有利条件，做出艰难的判断，明知危险却仍采取行动，最后找出真相。（省略）每一位伟大的说故事者，都会处理主观期待与严峻现实之间所产生的内心深沉的纠葛与挣扎。

我试着将罗伯特·麦基的说明，与逻辑表现力的故事展开法做个对照。麦基说："所谓'故事'，本质上为描写人生的变化及其理由。"由于本书的假设背景是商务场合，因此**故事就是解决问题的过程。**

而"故事会从人生比较稳定的状态开始。所有的一切都是安稳的，并让人觉得那份安稳会永远持续下去。"这个部分，相当于S的阶段。

"可是，发生了某件事，那份稳定土崩瓦解了。"这个部分相当于C和Q，也就是发现问题和设定课题的阶段。

"接下来的内容，会描写主角想要恢复稳定的主观期待，与阻挠他实现理想的'客观事实',这二者之间所形成的冲突。优秀的讲故事者,会生动描述主角克服困难的过程。主角会深思熟虑,运用自己为数不多的有利条件,做出艰难的判断,明知危险却仍采取行动"这个部分,相当于O的阶段。在这个阶段里,提出并评估替代方案,借由解决课题,取回失去的平衡。

而结尾之处的"最后找出真相",则对应R(解决、收尾)这个阶段。确认课题的解决策略,就是故事的收尾。

在表现逻辑能力时,O是故事的核心,其工作流程就如同罗伯特·麦基所说的,是为了找回在C阶段失去的安定感。我们可以将SCQ(故事的导入)视为同一组,OR(故事的核心与收尾)视为另一组。

5.7 故事的核心部分如何展开?

"Q"决定了"O→R"的故事铺陈方式

在这里,我们要学习如何展开故事的核心。O是故事的核心,其内容就看在Q阶段所设定的课题领域,换句话说,O的内容就是回答Q所设定的课题。接下来,我会根据不同的问题类型来进行分类及说明。

"恢复原状型"问题，故事要提到"说明状况"

首先是恢复原状型问题。假如Q选定的课题是"掌握状况"，那么O阶段的故事内容就是状况说明，而且要特别详细叙述是怎么损坏的。

如果设定的课题是分析原因，那么必须先说明现状（掌握状况），才能够说明原因。不能因为要处理的是分析原因的课题就只分析原因。**跳过状况说明，直接切入原因分析，会让人觉得太过唐突。**

几乎所有克服障碍的程序，都将掌握状况和分析原因视为连续性的工作。所以，务必先让接收者理解现状，再提及原因。也就是说，在恢复原状型问题的O的阶段，不论内容多寡，其中一定要包含状况说明。

故事的精彩之处就是解决问题的过程

假设O的阶段有要处理根本措施的课题，那么必须提出两三个替代方案，并传达这些选项的利弊得失。这个部分，相当于问题解决过程的第三及第四步骤。

接着，在R（解决、收尾）的阶段，就要传达你选定的方案。如果你想要处理防止复发的课题，那就跟根本措施的情况一样，必须先在O的阶段评价一种以上的选项，然后在R的阶段表示选定的防止复发策略。

假设在问题解决过程的第五步骤出现某个实施策略，那么原本选定的根本措施或是防止复发策略就不能放进最后的R，而应该穿插在O当中。否则，你无法说明R当中的实施策略，这会让接收者觉得你有两三种结论。

应对策略要聚焦，切忌什么方法都提出

诚如前述，在叙述解决恢复原状型问题的故事里，O的部分要穿插应急处理、根本措施、防止复发等情节。可是，就现实而言，根本不可能一次处理全部的状况。例如，当我们摸索根本措施的方法时，很少人会触及防止复发。一般来说，应该是先把焦点放在根本措施，然后再另外做出防止复发的提案，这样才不会让接收者产生混乱。

特别是当你提及应急处理时，最好将O与R阶段所处理的主题限定为状况说明和应急处理。其原因在于，当我们需要提到应急处理时，表示紧急事态已经发生了，为了让接受者立即下决定，最好锁定焦点。

另外，**考虑应急处理时，不必考虑分析原因的课题**。先不要去思考原因，所谓"应急"就是要立即做出停止损害的措施。就像发生火灾应该立即投入灭火工作，至于分析火灾的原因则是以后再说。而根据原因做出处理的，应该是根本措施。

不需要写入所有的对策，除非是报告书

根据文案意图的不同，锁定焦点的方式也会改变。如果文案是**实际行动**的方案，那么依照前述的流程来进行即可。然而，如果是**事后报告**，就没有必要把焦点放在某个特定的实施策略。

我们可以将实际执行的应急处理、根本措施以及选定的防止复发策略一同放入 OR（克服障碍，以及解决、收尾）的阶段当中去处理。不仅如此，除非有特别需要省略的理由，否则为了要让接收者了解事情的整体情况，报告书里应该包含**所有**已经决定实行的行动。

"预防隐患"的故事，一定要分析诱发原因

接下来，我们要讨论**预防隐患**型问题的 OR 阶段的处理过程。跟恢复原状型的问题相同，预防隐患问题的OR结构，也是看Q的阶段设定了哪些课题。如果Q阶段设定的课题是"假设不良状态"，也就是"放置不管，情况会变得如何"这类疑问，那么O的内容就要描写什么是不希望发生的不良状态。

如果打算处理"应该如何做才好"的预防策略，那么除了加入你设想的不良状态，还要加进导致这些状况的诱因分析。其原因在于，一般的预防策略多半会要求你提出方法，以排除不良状态的诱因，所以你一定要先分析诱因。还有一个原因是，预防隐患型问题的解决故事多半是以预防策略为中心。虽然接收者不会要求，但是几乎一定要事先铺陈诱因分析。

给对方三个选择条目，太多反而显得你糊涂

如果你提出的预防策略中有一些条目可供选择，那么评价和介绍这些替代方案就是O阶段的重要因素。另外，若是内容还提及发生时的应对策略，也必须放在O的阶段来处理。

发生时的应对策略很容易被遗漏。跟预防策略的各种替代方案一样，应对策略的各种替代方案也要放进O里面。如果你既需要提出预防策略，也需要提出发生时的应对策略，那么就应该把这二者都放入O的阶段里。另外，如果实施策略当中也有一些条目可供选择，那么也要放入O当中。

235

可是，如果一口气提出所有的对策和替代方案，以及与此相关的实施策略，那么不论是传递者还是接收者都会陷入一团混乱。因此，**提示替代方案时，最好锁定核心对策，只限于三个左右较佳**。

还有，你最好根据O的状况，来考虑R的篇幅，比如考虑是否在R里面放入实施策略的概要。如果太重视网罗性，包山包海什么都想说，你的故事可能变得难以理解，因此务必注意O的状况。

"追求理想"的故事，一定要说出实施策略

接下来，要说明追求理想型问题的O的构成方式。在这个阶段，展开的课题包括了资产盘点、选定理想以及实施策略。

通常，我们处理追求理想型问题，在O阶段的故事展开之时，不可以结束于资产盘点，换句话说，不能只描述主角能力的强弱就结束。例如，"你的体力很好，也有丰富的健行和登山经验，不过还没有在冬天爬过山"像这样分析完主角的能力之后，故事并未结束，因为，接收者至少会期待（你建议）他该爬哪座山，也就是选定理想。

在这种情况下，必须提出如何达成理想的实施策略提案。假如你想出一个以上的替代方案，那么资产盘点就变得很重

要，原因是你必须据此建构出适合当事人能力的实施策略。

选定理想时，只要进行自我分析就够了。但是，如果还要思考如何达成理想，那么在O的阶段，还必须做出实施策略的能力分析才行。追求理想型问题的R，与其他的问题类型一样，是指结尾和整理。

故事收尾要简洁有力，未必要有大结局

到目前为止，我分析了故事展开的后半部分，也就是OR这两个部分。进入R这个阶段，除确认最终信息之外，也要确认O和R的内容篇幅是否已经做过调整。另外，还要确认这二者之间的作用关系（经过O，得到R）。

R还有一个很重要的作用，那就是连接未来的展开。例如，你可以在R的部分提示这种信息："在这次的文案中，我提及了恢复原状型问题的根本处理方式。未来，应该要再考虑到防止复发的部分。"

同样，你可能在某个预防隐患型问题的故事展开中没有说明发生时的应对策略的重要性，但是你可以在收尾处点出它的重要性。无论如何，只要有事情想留待下次说明，都可以在R这个阶段提示出来。

5.8 SCQOR的实例

开场紧凑，过程精彩，结尾简洁有力

接下来，我要介绍OR的例子。前述DIY公司的例子刚好已经进展到Q（设定课题）的阶段。SCQ的故事发展如下：

（S）DIY公司是一家与小区生活紧密相连的DIY用品零售商，在东京卫星都市的新兴住宅区拥有九家同类型的店铺。这家公司是未上市的家族企业，近几年的年成长率都达到20%。公司所有人T氏推动了一项政策，获得极高的评价，那就是员工为来店顾客进行简洁易懂的销售说明。公司的商业模式是：向制造商大量采购产品，压低进货价格，借此将零售价格设定在低价位。

（C）最近，制造商的承办人表示，他们开始实施提早支付奖励制度，也就是如果能在15天以内支付账款，将提供30%的折扣，希望DIY公司加入这个制度。经过T氏的试算，这个制度对于公司的营收十分有利，非常有吸引力。不过，要将现在平均60天才需要付清的款项，缩短到15天以内付清，必须增加相当多的周转金。况且，公司未来的目标是增加店铺数目，但是资金调度已达极限。

（Q）在资金不足的制约下，DIY公司的T氏开始思考，如何在增加店铺数目的目标，以及加入制造商提出的提早支付奖励制度之间，找到折中的平衡点。

接着是O的内容。确认的问题类型（C）以及设定的课题领域（Q），限定了O的内容。前面已经提过，这个例子的问题类型属于追求理想型。而Q的课题设定，则是以实施策略为主。另外，虽然不甚详细，但是在实施策略课题之前，简略提到资产盘点和选定理想的课题，因此以下将O区分为三个分段，构成一个全套完整的版本。

（O1）DIY公司尽可能同时追求营业额的成长，以及利益的最大化。为了达成这两个目标，不但要加入提早付清账款的奖励制度，还要拓展新店铺，也就是二者兼顾是最理想的。但是，这远远超过DIY公司的资金调度能力，在实施上有其困难。

（O2）相对地，另一个选项是两个方案都不做。或许有人会批评这种维持现状的策略太过消极。确实，DIY公司不是完全没有增加资金的能力，而且还具备管理店铺的知识和技巧，因此不采取行动就无法完全发挥本身具有的经营能力。但是，如果市场需求大幅萎缩，或者大企业加入拓店竞争，那么未来经营环境就会发生变化，维持现状反而可以让损害降到最低。此外，维持现状还有一个好处，那就是不用担心与金融机构间的借贷与偿还问题。

（O3）虽然大企业的拓店竞争确实是个风险，但是未来的市场需求很有可能会扩大，因此应该追求二者之间的平衡。具体而言，DIY公司的经营相当稳定踏实，所以应该加入提早付清账款的奖励制度，同时在自身能力的范围内，追加资金来增加店铺数目。再保守一点来说，目前先暂时停止拓店的动作，可以一边扩大现金流量，一边充实内部保留。最后，等公司的借贷能力提高之后，不仅可以进一步扩大店铺数目，还能够实施时间差进攻的经营策略。

（R）做个简单的结论：在现实制约下追求理想，可以从冲击性和即效性这两方面来思考。最好的方案是，加入奖励制度，同时在能力范围之内增加资金调度、实行拓店。并且，最重要的是，如同中药的处方，温和、耐心地持续执行库存和应收账款管理。

为了让读者比较容易理解OR的结构，在这个例子当中，SCQ所占的比例比较少。接下来，开始逐一分析每个分段，首先是O1的部分：

> （O1）DIY公司尽可能同时追求营业额的成长，以及利益的最大化。为了达成这两个目标，不但要加入提早付清账款的奖励制度，还要拓展新店铺，也就是二者兼顾是最理想的。但是，这远远超过DIY公司的资金调度能力，在实施上有其困难。

在O1的分段当中，传递者先确认主角DIY公司以及T氏的理想："尽可能同时追求营业额的成长，以及利益的最大化。"另外还评价了其中一个追求理想的实施策略（替代方案）："不但要加入提早付清账款的奖励制度，还要拓展新店铺，也就是二者兼顾是最理想的。"确实，这是一项值得期待的提案。只可惜传递者接下来判断，鉴于DIY公司有限的借贷能力，不得不放弃这个选项。借用罗伯特·麦基的说法，就是"阻挠理想实现的客观事实"，想必主角一定很不甘心吧。

接下来是O2的部分：

（O2）相对地，另一个选项是两个方案都不做。或许有人会批评这种维持现状的策略太过消极。确实，DIY公司不是完全没有增加资金的能力，而且还具备管理店铺的知识和技巧，因此不采取行动就无法完全发挥本身具有的经营能力。但是，如果市场需求大幅萎缩，或者大企业加入拓店竞争，那么未来经营环境就会发生变化，维持现状反而可以让损害降到最低。此外，维持现状还有一个好处，那就是不用担心与金融机构间的借贷与偿还问题。

这时候，对于接收者的疑问："既然不能实施最理想的方案，那么应该怎么做才对？"你暂且不予理会，直接在第二个分段试探性地丢出一套不怎么理想的替代方案："二者都不采取行动。"只是，依照环境设定的发展，这个选项并非完全没有优点。因此，你也可以暗示，这个方案并非只是试探性的而已。总而言之，现在接收者被吊足胃口了："那么应该怎么做才对？"

接下来，是O3的部分：

（O3）虽然大企业的拓店竞争确实是个风险，但是未来的市场需求很有可能会扩大，因此应该追求二者之间的平衡。具体而言，DIY公司的经营相当稳定踏实，所以应该加入提早付清账款的奖励制度，同时在自身能力的范围内，追加资金来增加店铺数目。再保守一点来说，目前先暂时停止拓店的动作，可以一边扩大现金流量，一边充实内部保留。最后，等公司的借贷能力提高之后，不仅可以进一步增加店铺数目，还能够实施时间差进攻的经营策略。

在O3中，你否定O2设定的悲观环境（你认为不会发生），然后提出了实际且稳当的替代方案。这时候，如果再继续拖延不做解答，等于是在考验接收者的耐性，因此以时机点来说，现在宣布答案刚刚好。这时候接收者大概已经感觉到："如果最理想的方案不可能实行，那么某种程度的妥协方案应该可行吧。"

但是，或许接收者还留恋着理想方案。因此，O3的后半部分提示一段信息：

（O3）再保守一点来说，目前先暂时停止拓店的动作，可以一边扩大现金流量，一边充实内部保留。最后，等公司的借贷能力提高之后，不仅可以进一步扩大店铺数目，还能够实施时间差进攻的经营策略。

在这里，传递者提示了一个转换后的替代方案，那就是"时间差进攻的经营策略"。介绍保守的替代方案，能够提升对方果敢执行现实方案的意愿。或许，也可以借此清除接收者对理想（却不切实际）方案的留恋。

最后是 R 的部分：

（R）做个简单的结论：在现实制约下追求理想，可以从冲击性和即效性这两方面来思考。最好的方案是，加入奖励制度，同时在能力范围之内，增加资金调度、实行拓店。并且，最重要的是，要如同中药的处方，温和、耐心地持续执行库存和应收账款管理。

在 R 的阶段，除确认建议之外，还介绍了几项附加策略，像是库存管理和应收账款管理。当然，爽快干脆地提出建议，然后结束，也是一种风格。但是在这里，我们的目的是希望接收者认为："就像中药处方一般，效果最好。"让他不执着于过分理想化的策略。

另外，一般人不太会反对中药处方的好处（温和渐进），不仅可以让接受者产生"认同感"，还可以将这种感觉转移到现实方案上，使他更容易接纳你的建议。

有主题、有标题、有摘要式的故事展开

在这里，我再次简要分析SCQOR的另一个例子，形式上包含了主题和标题信息。这个例子改编自大家熟知的"桃太郎"的故事，其核心问题是预防隐患型问题，核心课题为预防策略。还有，在这个例子当中，最初的分段就提示出主要摘要。

主要主题：桃子的解析与对老婆婆的意义。

主要信息：对老婆婆来说，捡桃子回家好处多。

主要摘要：现在，老婆婆面临是否要为了老公公将桃子捡回家的抉择。一般来说，桃子很可能可以满足老公公滋补养身的欲望。特别是这次漂流过来的桃子是中国产的大型天津桃，非常适合老公公。再加上原本担心的安全方面和搬运方面的课题都非常有可能克服。对老婆婆来说，这次将桃子捡回去好处多。因此，建议老婆婆将桃子带回家。

关键主题：提示问题（SCQ）

关键信息：老婆婆面临着是否为了老公公将桃子捡回家的抉择。

次要信息：很久很久以前，在某个地方，有一位老公公和

一位老婆婆过着安稳的日子。每天，老公公上山砍柴，老婆婆则到河边洗衣服。老公公身体没有大碍，可是最近却开始产生异样的疲劳感。他对于目前持续劳动的生活开始感到不安：如果自己不能工作，将面临无法生活的问题。有一天，老婆婆和平时一样到河边洗衣服，河上游摇摇晃晃漂来一颗很大的桃子。老婆婆不但对桃子的尺寸感到惊讶，还发现桃子色泽良好，于是心想："应该让老公公吃颗桃子，恢复精神。"老婆婆面临是否将桃子捡回家的抉择。

关键主题：桃子的有效性（○）

关键信息：一般来说，桃子能带来滋补养身的效果。

次要信息：桃子富含蛋白质、维生素C、钾、膳食纤维等，加上果肉柔软，易于身体吸收营养。因此，吃桃子与老公公滋补养身的需求一致。

关键主题：天津桃的优越性（○）

关键信息：特别是这次漂流过来的桃子是中国产的大型天津桃，非常适合老公公。

次要信息：这次漂流过来的桃子是中国产的天津桃，从桃子上面尖尖的形状便可以看出这个特征。例如，日本代表性的桃子"白凤"，整颗是圆的。确实，过去天津桃面临许多问题，像尺寸小、口感干涩、糖度低等。可是，经过大幅改良之后，天津桃也以高营养价值而闻名。加上这次漂过来的桃子非常大，极为罕见。因此，应该具有非常高的营养价值。总之，这个桃子完全符合老公公滋补养身的需求。

关键主题：风险分析（O）

关键信息：再加上原本担心的安全和搬运方面的问题，都非常有可能克服。

次要信息：可是，必须留意农药残留的问题。这次的桃子为大型桃，因此农药可能附着的面积也较大。此外，从体积和重量这两方面来推测，这个桃子在搬运上需要普通桃子数倍的劳力。确实，这些都是风险因素，不过农药残留的风险只需要靠洗净就可以克服，并且采用"背负式"而非一般的"环抱式"来搬运，也可以克服搬运上的问题。

关键主题：结论（R）

关键信息：因此，对老婆婆来说，将桃子捡回去好处多。

次要信息：以上的结论是这个桃子可以解决老公公滋补养身的需求，此外他们也能承受之后的风险，因此值得将桃子带回家。再者，桃子对于女性成人疾病的治疗与预防也相当有效果，对老婆婆也有好处。不过，这个桃子颇为巨大，必须留意不要吃过头了。今后,不论是桃子还是其他水果,还要以均衡的饮食生活为目标,想出改善策略。最后再补充一点:虽然不常见,但有时候这么大的桃子里面会附带小婴儿。

　　(这个例子纯属虚构,用意在于设计问题解决型的故事展开结构,不保证其内容的真实性。)

第6章

金字塔结构如何转成报告和简报
展现逻辑说服力的文案,你得这样写

- 用金字塔结构当设计图
- 金字塔如何写成"报告"
- 简报,怎么用金字塔结构呈现?

在第6章中,我们要把学到的金字塔结构和解决问题型故事展开法落实在特定的格式中。我将列举商务文案的两种代表格式:报告、简报,来做说明。虽然报告和简报在外观上不尽相同,但二者都是依据金字塔结构来制作。

6.1 用金字塔结构当设计图

讲故事，要先想好架构

到第5章为止，我们学过的金字塔结构已足以帮你处理业务上碰到的各式文案，堪称万能设计图，就像多功能干细胞一样，可以分化成多种内脏器官。

可是，不管你构思的设计图有多棒，在实务上都不可能将设计图当作成品提出，或者直接用来做简报。相对地，无论设计图再怎么精彩，如果最终不能做出成品，那就等于白白浪费。例如，不管原著有多么优秀，如果影像拍得乱七八糟，这部电影也不算成功。

所以，**将设计图落实成最终格式是非常重要的工作**。接下来，我将依照顺序介绍金字塔结构如何落实为两种商务文案格式：报告和简报。

先写出"主题"金字塔

我用上一章"桃太郎"的例子作为题材,把它的金字塔结构和解决问题的故事展开,落实成最终格式。首先,要确认的是文案的设计图,也就是金字塔结构。

图6-1是"桃太郎"的主题金字塔,呈现出主要主题和关键主题。这时候尚未加入任何信息,仍然只是"容器"而已,显示出你想要表达某件事的结构。**只写出主题的金字塔结构,称之为"逻辑树"。**

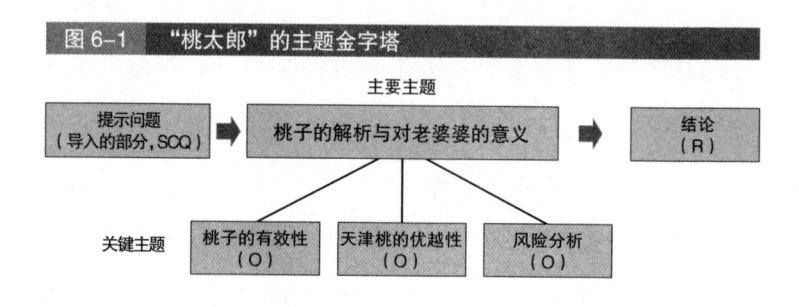

图 6-1　"桃太郎"的主题金字塔

```
                    主要主题
  提示问题                                    结论
(导入的部分,SCQ) → 桃子的解析与对老婆婆的意义 →  (R)

关键主题    桃子的有效性   天津桃的优越性   风险分析
              (O)           (O)           (O)
```

这个例子的主要主题是"桃子的解析与对老婆婆的意义"。而提示问题(即故事的导入部分)的SCQ、结论的R、故事主体的O,是关键主题,属于同一个层次。

填入"信息",建成上半层金字塔

接着,要确认的是放入主题容器的信息,也就是完成"信息金字塔"。请参照图6-2。

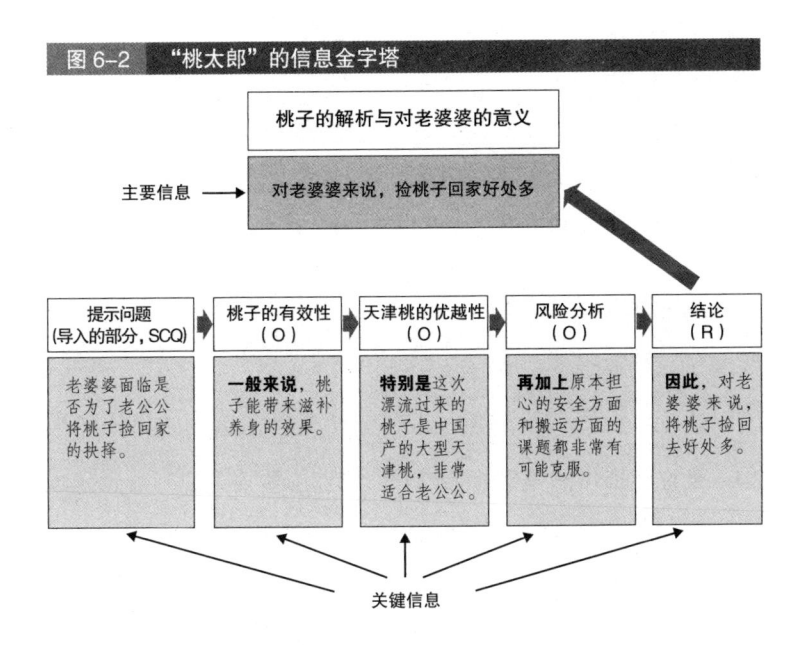

图 6-2 "桃太郎"的信息金字塔

主要信息 → 桃子的解析与对老婆婆的意义
对老婆婆来说,捡桃子回家好处多

提示问题 (导入的部分,SCQ)	桃子的有效性 (O)	天津桃的优越性 (O)	风险分析 (O)	结论 (R)
老婆婆面临是否为了老公公将桃子捡回家的抉择。	一般来说,桃子能带来滋补养身的效果。	特别是这次漂流过来的桃子是中国产的大型天津桃,非常适合老公公。	再加上原本担心的安全方面和搬运方面的课题都非常有可能克服。	因此,对老婆婆来说,将桃子捡回去好处多。

关键信息

就如同你看到的,这个金字塔在主要层级和关键层级都写上了"标题信息"。而主题则维持不变。以这个范例来说,它在金字塔结构的主要主题和关键主题底下,都**加上了几十个字的简短信息,也就是标题信息**。

如果你写得太长，就不能称为"标题"，而应该定位成正文。在这个图表中，为了让大家容易理解，我把"提示问题"和"结论"这两个关键主题列在同一个层级。

三个O的部分在结构上同时并列，而在故事展开上则是以连接词来连接发展的顺序。另外，这份设计图的主要信息与结论R的关键信息相同。

建成完整版金字塔

在主题底下加上主要摘要，在标题之下加上次要信息，就完成了完整版的金字塔结构（图6-2）。

这个"桃太郎"的例子，是一个最具涵盖性的金字塔结构。**当你要提供的信息篇幅越长，制作主要摘要的好处也就越大。**同样，如果次要信息的内容太长，那么你在关键层级做出摘要，将有助于信息的传达。

在这个金字塔结构中，次要信息完全化成文字信息。假使你想要做出更严谨的金字塔结构，还必须标记出次要信息的层次，而这些信息彼此之间都呈现出并列或者直列的关系。

接下来，我们要将这个金字塔结构落实成可以实际应用的格式。首先，我们先来看看报告的形式。

6.2 金字塔如何写成"报告"?

图 6-3　"桃太郎"完整版金字塔结构

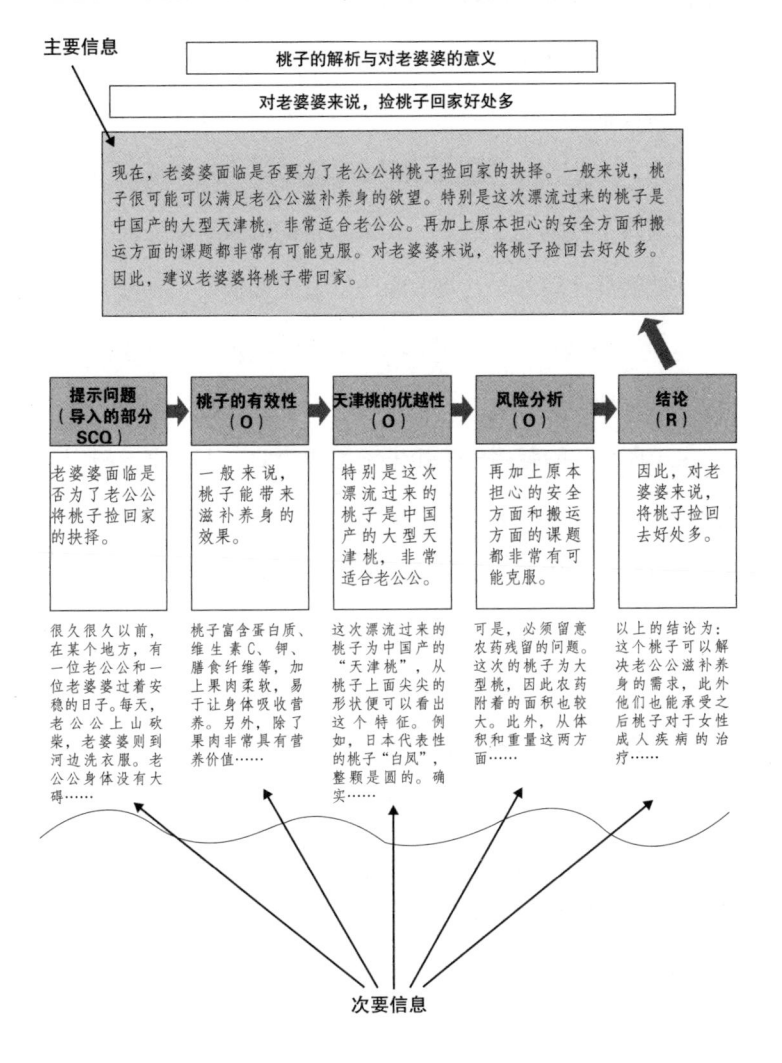

主要信息

桃子的解析与对老婆婆的意义

对老婆婆来说，捡桃子回家好处多

现在，老婆婆面临是否要为了老公公将桃子捡回家的抉择。一般来说，桃子很可能可以满足老公公滋补养身的欲望。特别是这次漂流来的桃子是中国产的大型天津桃，非常适合老公公。再加上原本担心的安全方面和搬运方面的课题都非常有可能克服。对老婆婆来说，将桃子捡回去好处多。因此，建议老婆婆将桃子带回家。

提示问题 （导入的部分 SCQ）	桃子的有效性 （O）	天津桃的优越性 （O）	风险分析 （O）	结论 （R）
老婆婆面临是否为了老公公将桃子捡回家的抉择。	一般来说，桃子能带来滋补养身的效果。	特别是这次漂流过来的桃子是中国产的大型天津桃，非常适合老公公。	再加上原本担心的安全方面和搬运方面的课题都非常有可能克服。	因此，对老婆婆来说，将桃子捡回去好处多。
很久很久以前，在某个地方，有一位老公公和一位老婆婆过着安稳的日子。每天，老公公上山砍柴，老婆婆则到河边洗衣服。老公公身体没有大碍……	桃子富含蛋白质、维生素C、钾、膳食纤维等，加上果肉柔软，易于让身体吸收营养。另外，除了果肉非常具有营养价值……	这次漂流过来的桃子为中国产的"天津桃"，从桃子上面尖尖的形状便可以看出这个特征。例如，日本代表性的桃子"白凤"，整颗是圆的。确实……	可是，必须留意农药残留的问题。这次的桃子为大型桃，因此农药附着的面积也较大。此外，从体积和重量这两方面……	以上的结论为：这个桃子可以解决老公公滋补养身的需求，此外他们也能承受之后桃子对于女性成人疾病的治疗……

次要信息

255

内容很长，就将主要摘要放在前面

请看图6-3。即便外观不同，但从结构上还是看得出是个金字塔结构。这份范例格式当中省略了撰写者的名字，请视情况加入。而在主要主题与主要信息之间，有的人会加入制作这份**报告的背景**。

另外，由于这个范例格式的篇幅约为一张A4纸，因此不一定要放入主要摘要。但是，如果报告的页数很多，最好还是附上主要摘要比较好。让接收者先读过主要摘要，掌握整体的脉络之后，再阅读内容，会比一开始就从头阅读冗长的文本，更能够减轻他们的负担。

由于图6-4的范例格式加进了主要摘要，因此整份报告总共由六个分段所构成。在第2章中，我们学过分段是在一个主题与信息之下，由多个信息所组成的一个集合体。

一般来说，**一张A4纸上，最适合放上五个左右的分段**（一组SCQ、三个O及一个R）。如果只放入三个分段，那么每一段的内容会过长。要注意的是，最多不要超过七个分段。当分段超过七个，就会产生破碎零散的感觉。在报告的形式中，每个分段之间一定要空出一行，如此一来，可以减轻接收者的负担，而书籍则另当别论。

第6章 金字塔结构如何转成报告和简报

图6-4 "桃太郎"报告型格式范例

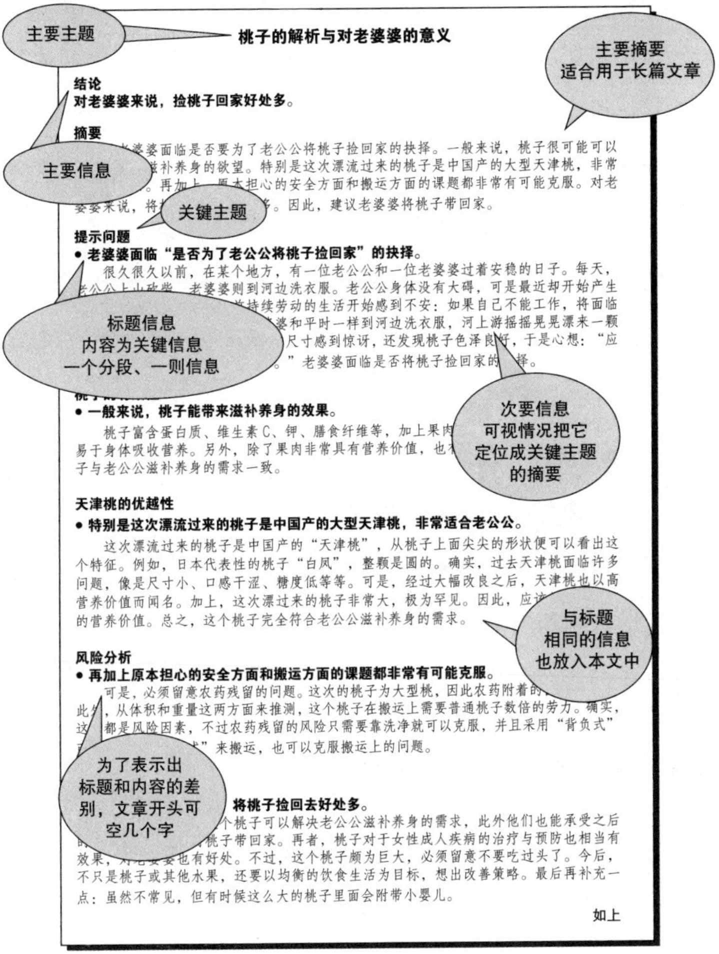

桃子的解析与对老婆婆的意义

（主要主题）｜（主要摘要 适合用于长篇文章）

结论
对老婆婆来说，捡桃子回家好处多。

摘要
老婆婆面临是否要为了老公公将桃子捡回家的抉择。一般来说，桃子很可能可以满足补养身的欲望。特别是这次漂流过来的桃子是中国产的大型天津桃，非常（主要信息）。再加上原本担心的安全方面和搬运方面的课题都非常有可能克服。对老婆婆来说，（关键主题）。因此，建议老婆婆将桃子带回家。

提示问题
● 老婆婆面临"是为了老公公将桃子捡回家"的抉择。

很久很久以前，在某个地方，有一位老公公和一位老婆婆过着安稳的日子。每天，老公公上山砍柴，老婆婆则到河边洗衣服。老公公身体没有大碍，可是老婆婆对于他能否产生（标题信息 内容为关键信息 一个分段、一则信息）持续劳动的生活开始感到不安：如果自己不能工作，将面临婆和平日一样到河边洗衣服，河上游摇摇晃晃漂来一颗尺寸感到惊讶，还发现桃子色泽良好，于是心想："应"老婆婆面临是否将桃子捡回家的抉择。

● 一般来说，桃子能带来滋补养身的效果。

桃子富含蛋白质、维生素C、钾、膳食纤维等，加上果肉（次要信息 可视情况把它 定位成关键主题 的摘要）易于身体吸收营养。另外，除了果肉非常具有营养价值，也子与老公公滋补养身的需求一致。

天津桃的优越性
● 特别是这次漂流过来的桃子是中国产的大型天津桃，非常适合老公公。

这次漂流过来的桃子是中国产的"天津桃"，从桃子上面尖尖的形状便可以看出这个特征。例如，日本代表性的桃子"白凤"，整颗是圆的。确实，过去天津桃面临许多问题，像是尺寸小、口感干涩、糖度低等等。可是，经过大幅改良之后，天津桃也以高营养价值而闻名。加上，这次漂流过来的桃子非常大，极为罕见。因此，应（与标题 相同的信息 也放入本文中）的营养价值。总之，这个桃子完全符合老公公滋补养身的需求。

风险分析
● 再加上原本担心的安全方面和搬运方面的课题都非常有可能克服。

可是，必须注意农药残留的问题。这次的桃子为大型桃，因此农药附着的（为了表示出 标题和内容的差 别，文章开头可 空几个字）从体积和重量这两方面来推测，这个桃子在搬运上需要普通桃子数倍的劳力。确实，都是风险因素，不过农药残留的风险只要靠清洗就可以克服，并且采用"背负式"来搬运，也可以克服搬运上的问题。

将桃子捡回去好处多。
个桃子可以解决老公公滋补养身的需求，此外他们也能承受之后桃子带回家。再者，桃子对于女性或人疾病的治疗与预防也相当有效果，对老婆也有好处。不过，这个桃子颇为巨大，必须留意不要吃过头了。今后，不只是桃子或其他水果，还要以均衡的饮食生活为目标，想出改善策略。最后再补充一点：虽然不常见，但有时候这么大的桃子里面会附带小婴儿。

如上

257

万一写得太长了，怎么删？

假如想加长内容，可以增加次要信息的篇幅。在某些情况下，甚至可以将这份格式当中的"次要信息"写成关键主题之下的摘要，然后在下面插入由多个分段构成的次要信息。这时候，次要信息的分段数最好设定在三到五个。就如之前说的，想要加长内容就必须增加细节的说明。

要注意的是，即便想要加长内容，然而如果你增加的是原本没有设定的关键主题/信息，那么就会产生问题。其原因在于，你这么做会导致原本较短的版本遗漏重要的主题/信息。相反，如果你想缩短内容，绝对不能马上砍掉已有的主题/信息，因为这会让你应该提供的重要主题/信息消失。所以，最好只靠增减说明的部分来调整篇幅。

"标题"要犀利，主题可以省略

在这份范例格式中，每个分段在主题后面都出现了一行左右的标题，也就是开头附有"●"的信息。如果主题与标题二者之间必须省略一个，那么就省略主题，留下标题（信息）。

当然，能留下主题还是比较好的。一般来说，写成主题的东西，通常是"状况分析""需求预测""其他公司的状况"

等，都是笼统、不确切的文字。**很少有人注意到可以用信息作为标题**，这非常可惜，因为信息是明白且吸引人的句子。

主题即使提示了"你想要讲什么"，但毕竟不是信息，所以无法传达出"你正在讲什么"。也就是说，"桃子的有效性"这个表现方式，即使可以传达出你接下来想要讲的是桃子的有效性，也无法传递其内容。但是，如果改成用信息来表现，那么就内容来说，"桃子可以带来滋补养身的效果"十分清楚。然后，在接下来的分段中，继续铺陈该信息想传达的内容。所以，附在分段前面的标题最好用信息来表达，这样效果较佳。

标题别凭空而出，正文中也要提到

在每个分段的最前面，标题显示你最想传达的信息。因此，你最好能在文章当中再次提示一次跟标题一样的信息，但未必要字字相同。很多人误以为"标题已经提示过的信息，正文中不必再提及"，这就错了。请注意，不要将标题兼做正文的结论使用。标题是标题，正文是正文，不宜将标题视为将正文抽象化处理之后的结果。

假使你担心"正文的开头就出现与标题一样的信息，会让人感觉重复"，那么请将正文中与标题类似的信息，放置在分段的结尾中使用。如此一来，标题和正文结尾的信息便能够上

259

下包围整个分段。这时候，结尾的信息是用来做确认的，不会让人有重复的感觉。

6.3 简报，怎么用金字塔结构呈现？

构成简报的基本要素仍然在金字塔结构之中

接下来，我要说明如何设计简报。最近几年，越来越多人喜欢用横向A4纸的形式来做简报。我会先解说个别页面的设计，之后再解析整体的构成。无论哪一种情况，都与报告形式相同，金字塔结构仍然是基本的构成要素。

每一页都只放三项信息

请参照图6-5，制作简报数据的时候，每一页都要放入三个要素，包括：

1. 标题信息
2. 主题
3. 支持信息

第6章 金字塔结构如何转成报告和简报

图 6-5 简报页面的基本设计

每一页放入三种要素

1. 标题
这个页面中最想传达的信息,最长不要超过两行。

2. 主题
该页的主题。

3. 支持性的信息
- 支持标题的信息。
- 基本上需要三个论点,最多五个。
- 必须非常确定自己用的是直列型或并列型。
别忘了使用逻辑连接词。

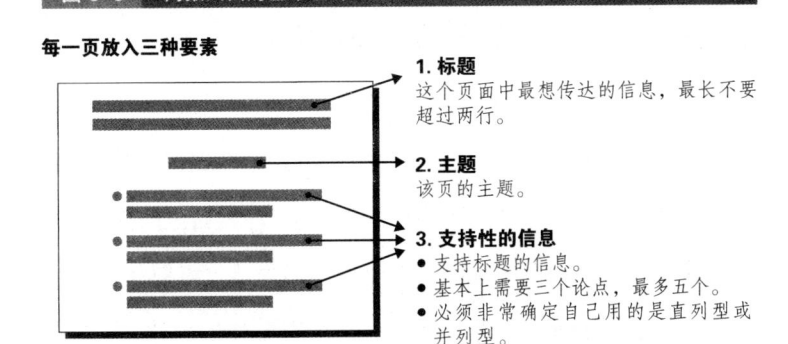

页面的顶端放"标题"

在页面中,标题是你最想传达的信息。标题还有其他的名称,像是"领导信息"或是"话题句"等。标题要放在页面的最顶端,篇幅要控制好,**最多不要超过两行**,还有注意**字体不要过大**。

很可惜的是,我们看过很多简报数据的上面都没有标题。我强烈建议大家,在最顶端一定要放上标题,接收者才能一眼看出你想传达的信息。而且,只要运用这个方法,即使底下的内容艰涩难懂,或是说明不清不楚,也不会造成接收者的误解,可以降低传达错误信息的概率。这个做法与报告格式中每个分段都附上标题的做法一样,既能够减轻接收者的负担,又可以提高说服力。

当我建议大家可以将标题放在页面的最顶端时，曾经有人反问我："可是简报软件 PowerPoint 的格式并不是这样耶。"我回答他："即使不遵照简报软件的格式，也不违法，所以你不用担心。"因此，大家可以参考这个准则，然后自行变化。

我见过有人诧异地提出这样的质疑："在我看过的简报中，老师的简报是第一个把标题放在页面的最顶端。以前从来没看过……"我回答他："正因为如此，才有制作的价值。"本来就是如此，如果所有的简报数据都是同一个样子，那么大家就没必要阅读本书了。顺带一提，麦肯锡等许多外资顾问公司，也是采用我这种方式来做简报。

每一页都设定一个主题

每一页都设定一个主题。这个主题就像是信息的"容器"，为整个页面做出定义，表示在这一页中你想说明什么。虽然文字上不一定会出现"关于……"的字眼，不过主题本身就已经隐含着"关于"之意。而主题就相当于标题。

几乎所有的简报都会放上"主题"。可是，我们经常会看到，有些人的简报连续数页都在说明同一个主题。由于这会造成接收者的负担，因此我不建议这么做。

假使你连续好几页都在说明同一主题，这或许意味着你的主题范围定得太广，或者在同一个主题中，细节说明的内容放得太多，才使得正文长度过长。总而言之，最好**把每一张页面都当成一个容器**。

并列型支持信息使用"追加"连接词

支持信息就是支撑标题的信息，其内容可以是理由、事例、条件、步骤等，可说是五花八门。然而，这些信息的共通点在于，它们都以**某种形式来支持标题**。换句话说，我们可以把每个页面都当成一个金字塔结构来设计。

支持的方式有并列型和直列型两种结构。并列型是以各个独立的支持信息来支撑标题信息。在并列型的结构里，每个支持信息之间的关系较为薄弱，因此多半是使用追加连接词，例如"加上""再者""还有"等。

直列型则使用"追加"以外的连接词

相对地，在直列型的结构里，每个支持信息之间有着紧密的前后关系。在如此紧密的关系中，整个序列最后出现的就是标题信息。由于有前后关系，因此注意要使用逻辑连接词来衔接，才能凸显前后关系。

为了要表达紧密的关系，在直列型结构里面使用的逻辑连接词，多半是使用顺承或转折的连接词，例如"因为""因此""可是"等，而不会出现追加连接词。

即使你使用"假设"这种顺承附加类型的连接词，也都不属于追加型。重要的是要挑选适切的连接词，在文章中准确地表达出来。另外，**设计直列型支持结构时要记得：最后的支持信息必须等同于标题。**

依照上面的解说，接下来我们试着将"桃太郎"的例子，转换成典型的简报格式。

简报封面：第 × 页，标出主要主题

在封面上，要标出主要主题（图6-6）。简报封面的最重要任务，在于传达简报的展开范围。有时候，主要主题下面会加上副标题。如有必要，会放入简报的日期、制作者和发言人的姓名，或是写上发表会场的名称和地点。换句话说，就是确认并记录"时间、地点、场合"（Time, Place, Occasion，即TPO）。另外，封面通常不会标记页数，如果硬要标上，就标记为第 × 页。

第6章 金字塔结构如何转成报告和简报

图 6-6 封面的设计

封面上标示出主要主题

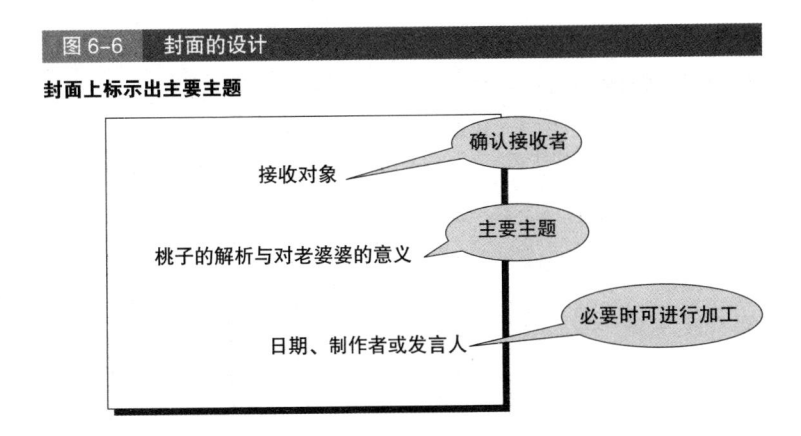

- 接收对象 —— 确认接收者
- 桃子的解析与对老婆婆的意义 —— 主要主题
- 日期、制作者或发言人 —— 必要时可进行加工

摘要页面：先"一口气"讲完整个故事

实质上的第一页，应该是摘要页面（图6-7）。简报与报告有类似之处：在信息量过多的场合里，如果先写出摘要，效果会特别好。这个页面的标题单纯作为引导即可，例如"今天发表的报告是关于×××的调查结果"，一般来说，就只是介绍主要主题而已。

这个页面的作用在于，提醒接收者："现在我要开始做简报了。"在这个阶段，如果能够让对方理解**包含结论的整体故事发展**，对发言人较为有利，而方法是先设计出在一个分段内可以表达完整的（故事）篇幅。假如整个简报的信息量过少，甚至可以舍弃摘要页面，直接从关键信息页面开始做简报也无妨。

图 6-7 摘要页面的设计

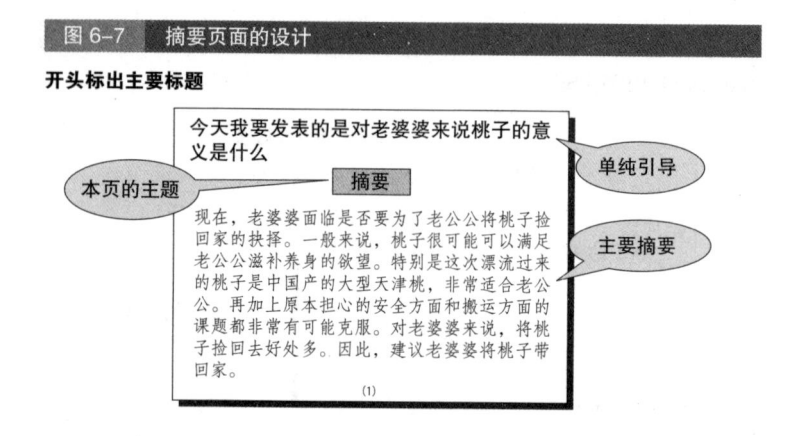

开头标出主要标题

- 本页的主题：今天我要发表的是对老婆婆来说桃子的意义是什么
- 摘要
- 单纯引导
- 主要摘要：现在，老婆婆面临是否要为了老公公将桃子捡回家的抉择。一般来说，桃子很可能可以满足老公公滋补养身的欲望。特别是这次漂流过来的桃子是中国产的大型天津桃，非常适合老公公。再加上原本担心的安全方面和搬运方面的课题都非常有可能克服。对老婆婆来说，将桃子捡回去好处多。因此，建议老婆婆将桃子带回家。

(1)

关键信息页面：逐条列出整个内容

接下来，我们要做的页面包含两个重点：第一，将主要标题之下的主要信息挪上来，作为本页标题（图6-8）。而标题下的支持信息则写上关键信息。第二，这个页面的主题就是简报的主要主题，而支持信息的内容几乎与前一页的摘要页面相同（只是摘要页是叙述式，这一页则是条目式）。

你一定会质疑为什么要重复。但是，假如首页关键信息的内容与主要摘要的内容相差很多，那么就会发生以下的问题：怎么简报的主张这么快就变了？所以这二者应该要一致才行。

换句话说，这个页面**换了另一个视角，再一次提早传达整体简报的故事内容**。就设计而言，这个地方应该采用条目式，并且要加入连接每一则关键信息的逻辑连接词。

图6-8 关键页面的设计

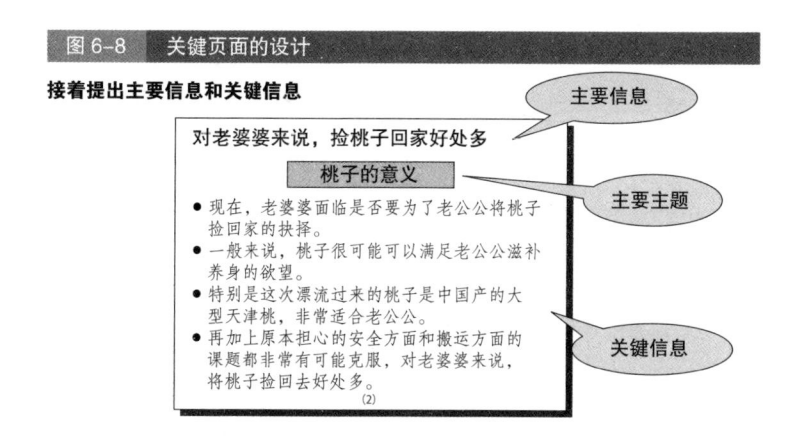

接着提出主要信息和关键信息

> 对老婆婆来说,捡桃子回家好处多 ← 主要信息
>
> 桃子的意义 ← 主要主题
>
> - 现在,老婆婆面临是否要为了老公公将桃子捡回家的抉择。
> - 一般来说,桃子很可能可以满足老公公滋补养身的欲望。
> - 特别是这次漂流过来的桃子是中国产的大型天津桃,非常适合老公公。
> - 再加上原本担心的安全方面和搬运方面的课题都非常有可能克服,对老婆婆来说,将桃子捡回去好处多。
>
> ← 关键信息
>
> (2)

这一页像是"目录",但并非单纯的目录,里面放的关键信息是要用来当作支持信息。经常有人在这一页排列出关键主题(主题不是信息、不是句子),如此一来,这一页就会真的变成没有内容的目录了。当然,我的意思并非不能把这一页当成目录,如果你的简报没有页数限定,当然可以把目录排在关键信息页的前面。

一开始就重复,好处多多

或许有的读者会觉得,讲完主要摘要之后,下一页又要讲几乎一样的关键信息,会让人产生重复感。确实,发言人可能会有这种感觉。但是无论如何,发言人本身就是简报的作者,长时间投入在制作简报当中,当然相当熟悉内容。

可是，对于接收者来说，这些都是第一次听到的信息。而且在大多数的情况下，接收者都不具备预备知识；此外，也无法确定大家是否会集中精神专心听。因此，为了保险起见，把分段故事转换成条目式的纲要，换个视角让接收者有机会再度理解整体的内容，是很重要的。

从摘要页面转换到关键页面时，要用类似"那么，关于今天的发表，我将分成下面几个重点向各位报告"这样的说法，顺畅地衔接简报页面。**千万不要说："现在我再跟各位重复一次摘要的部分。"**其原因在于，简报的听众最讨厌听到"重复"两个字（虽然必须重复他们才可能记得住）。

以次要信息支持关键信息

接下来，如同图6-9所显示的，要用次要信息来支持关键信息。标题用关键信息，主题用关键主题，而支持信息则用次要信息。然后，只要继续增加与这个格式相同的页面即可。假使这些次要信息又再往下挖掘一层，要谈论到次次要信息，那么就要多插入下一个层级的页面。

诚如前述，设计页面的基本原则，就是要确定自己正在做的是并列型还是直列型的结构。如果是并列型，**要在信息开头加入"追加"衔接，如果是直列型，就要加上"追加"之外的**

逻辑连接词。然而要注意的是，直列型结构最后的支持信息，要和该页面顶端的标题信息内容一致。

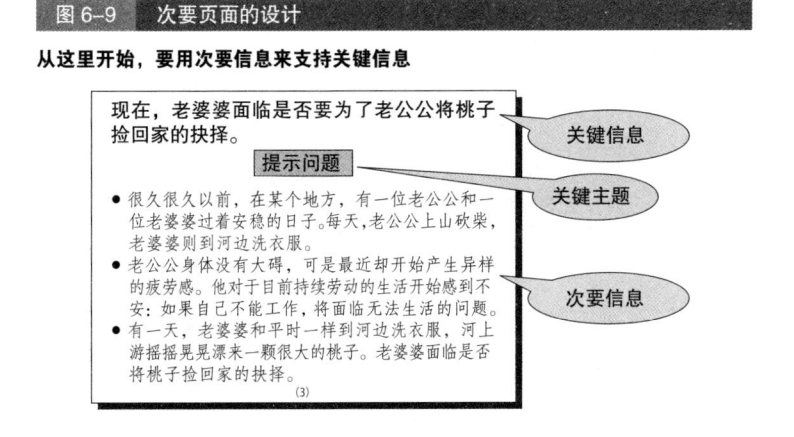

图 6-9　次要页面的设计

从这里开始，要用次要信息来支持关键信息

```
现在，老婆婆面临是否要为了老公公将桃子       →  关键信息
捡回家的抉择。
┌─────────────┐
│  提示问题    │                          →  关键主题
└─────────────┘
● 很久很久以前，在某个地方，有一位老公公和一
  位老婆婆过着安稳的日子。每天，老公公上山砍柴，
  老婆婆则到河边洗衣服。
● 老公公身体没有大碍，可是最近却开始产生异样
  的疲劳感。他对于目前持续劳动的生活开始感到不   →  次要信息
  安：如果自己不能工作，将面临无法生活的问题。
● 有一天，老婆婆和平时一样到河边洗衣服，河上
  游摇摇晃晃漂来一颗很大的桃子。老婆婆面临是否
  将桃子捡回家的抉择。
                  (3)
```

最后以摘要页面收尾

将前述的内容做个归纳，就如同图6-10。最后，再拿出开头用过的摘要页面，效果会很好。如果不用摘要页面，那么你可以使用逐条排列整理过的关键信息页面（第二页）。然而，要注意的是，不要同时把两页都放上去，只用其中之一即可。

用最初摘要的内容再次进行确认，可以安定接收者的心理。这时候，也请你不要用"再跟大家重复一次"这样的说法，而是要用"我在这里**帮大家整理一下今天简报的内容**"的

表达方式。

图 6-10　简报资料概念图

整份简报都以金字塔结构所做成。

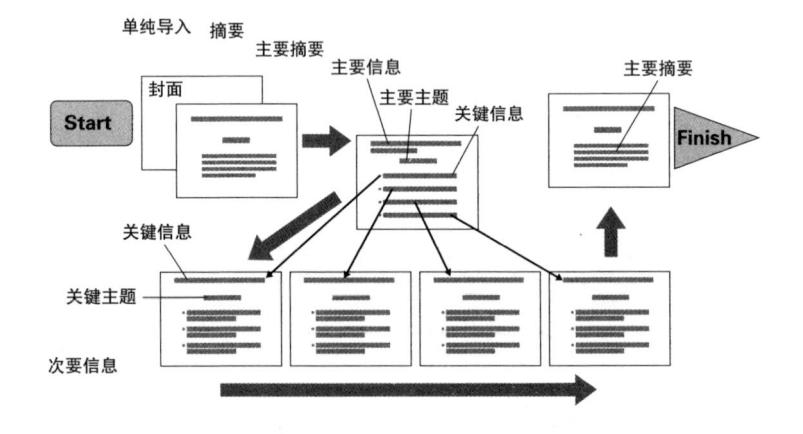

另外，不要忘记将页面顶端的引导文改成过去式的表现。例如，"以上就是今天我报告的关于……的调查结果""今天的发表是关于……的调查结果，报告完毕"这类的句子。到这个阶段，简报可说是圆满结束。

以上的解说，就是将金字塔结构落实到简报形式的具体做法。以下是简报设计的整体流程：

1. 首先将想传达的事物提前摆在前头

2. **深入描述内容**
3. **最后再次确认想传达的事物**

以金字塔结构来说,这个流程是自上而下式的。至于自下而上式的传达顺序及其重要性,我将在下一章中详细说明。

第7章

文案的高明说服技巧

逻辑思考,加上心理学技巧,说服人不必口才犀利

- 信息传达,自上而下效果最好
- 问题有三大类,怎样的提案让客户愿意掏钱
- 风险只能管理不能避免
- 替代方案该给几个?提出顺序有学问
- 规范信息如何提高说服力
- 描述信息一样有说服力

在第7章中，我将介绍各种能让说服力更为提升的技巧。具体而言，包括了自上而下法、自下而上法、问题类型与提案的调整、风险管理、替代方案的数量与提出顺序以及传达信息时的命题意识化等。

7.1 信息传达，自上而下效果最好

商务文案，一开始就讲重点

当我们传达信息给对方时，不管是结论或是摘要，如果能够在论述完主张之后提出详细的根据，那么说服力将会大幅提升（图7-1）。以金字塔结构来说，"自上而下"的说明方式效果最好。所谓"自上而下法"，是指从金字塔顶端向下，先传达主要信息，接着是关键信息，再来是次要信息。

自上而下法的传达顺序，用于演讲、简报等口头上的沟通，或是文案上的沟通，都非常有效。就如同在第3章学过的，设计信息的方法有自上而下法以及自下而上法。不过，**在传达最终信息给对方的阶段中，自上而下法最具效果。**商务文

案最好不要制作成像推理剧或悬疑剧一样,直到最后才揭晓谜底。

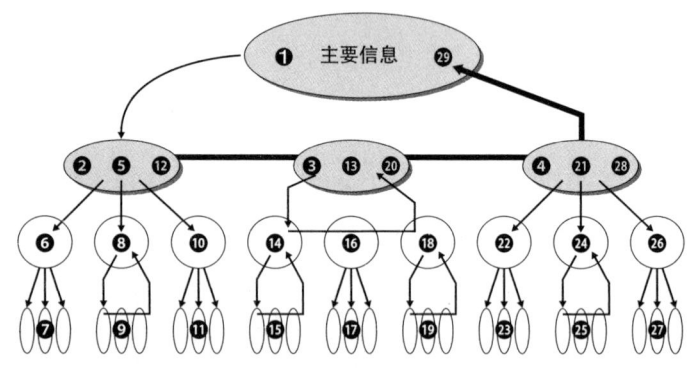

图 7-1　故事的传达顺序

- 主要信息放置在最顶端,**自上而下传达**。图例顺序为参考。
- 直列/并列金字塔可以**混合使用**。
- 为了使信息的连接明确,应使用**逻辑连接词**。

故事的传递顺序

❶:先传达主要信息。
❷至❹:整个流程在传达关键层级的信息。
❺:回到最初的关键信息。
❻至⓫按照"次要信息、次次要信息"的顺序传达。
⓬:再次确认关键信息。
⓭至㉘:与❺至⓬的顺序相同,传达下一个关键信息。
㉙:最后再次确认主要信息。

"商用"故事的说明顺序 RSCQOR

因此,实际上的故事展开顺序是 R、S、C、Q、O、R,也就是从导入结论开始。换句话说,从主要信息 R(解决、收尾）说起，接着是S、C、Q、O（状况 → 问题 → 课题 → 克服），最后再以R收尾。

而另一种方式，则是开头先说明整体的摘要，然后再按S、C、Q、O、R依序展开。这时候，开头的摘要中也有R的内容，也就是说，一开始就传达包含结论的整体摘要。

自上而下，先说结论让对方安心

为什么我会鼓励大家使用自上而下法呢？

第一，这种方法可以减轻接收者的负担。自上而下法是由主要信息开始，因此接收者从一开始就知道传递者的最终结论，以及想要传达的信息是什么。所以，接收者不必烦恼"传递者（也就是你）到底会朝着哪个方向进行"。

如此一来，接收者就可以安心地读取、听取细节的说明。即使听不太懂后面的内容说明，只要先知道结论，也可以产生一定的安心感。自上而下法的传达方式，是传递者一开始便告诉接收者目的地，然后再说明到达目的地的途径。一般来说，这种方法容易让对方放松心情来读取或听取信息。**如果对方可以安心地接收信息，那么你的说服力自然大幅提升。**故事展开的基本原则，就是减轻接收者的负担。

自上而下，借用对方的思考能力

自上而下法的说明方式，不止可以减轻接收者的负担，还有另一项优点，就是可以将对方的思考能力化为己用。绝大多数情况下接收者都期待能了解你说话的内容，只要一开始将结论传达给对方，**对方自然会运用他的思考能力，想办法帮助我们将后续的说明连接到结论上。**

即使后续的说明并不完整，或是多少出现难以理解之处，我们仍然可以指望接收者运用他自己的知识和想象力，来帮助我们补足（在心理上、视觉上自动补足缺少的部分，是人类的本能）。接收者帮助传递者说服自己，对传递者来说没有比这更好的事了。

自下而上，勾起的是敌意而非兴趣

自下而上法的说明方式，跟自上而下法完全相反，坏处比较多。也就是说，自下而上法会增加接收者的负担，并且将对方的思考能力化友为敌。

以金字塔结构来说，自下而上法的说明方式，是传递者从次要信息说起，然后是关键信息，最后才说出最想传达的重点。换句话说，接收者不但无法预期内容的发展方向，还得一开始就要仔细吸收细节信息。结果，接收者被迫自己也要了解细节信息，甚至被迫要了解未知内容的发展方向。

这种传达方式会让接收者产生不安。甚至，当他们无法理解细节信息时，便会丧失继续读取、听取信息的意愿。

自下而上，难怪大家看资料不理你

在研习简报技术的场合里，我经常被问到一个问题："听众完全都不看发言人，而是盯着发下去的资料一直读下去。这很伤脑筋，该怎么办？"

确实，如果提出的文案是书面报告，那么即使接收者从最后面开始读起，也不会妨碍到写作者。可是，在简报的场合里，听众自行"啪啦啪啦"地翻着数据阅读，好像完全无视于发言人的存在，对发言人来说，绝不是什么愉悦的情景。

听众之所以自行阅读发下去的数据，原因是在听你述说细节信息之前，他们想先知道结论到底是什么。事实上，很多简报都是采用自下而上法来进行说明，也就是不到最后便不知道结论，听众为了安心，就会自行阅读手边的数据。如果简报是采用自上而下法，也就是从结论开始说明，那么听众很可能会将注意力转移到发言人身上。虽然一定还是有人会拼命阅读发下去的数据，不过这种情况多少能够有所改善。

别让听众一路猜结论

除此之外，自下而上法的说明方式，隐藏着将听众的思考化友为敌的危险。在自下而上法的说明中，接收者先从细节信息开始接触。这些信息中一定是数据类的记述信息比较多，而记述信息原本就是容许接收者作出广泛解释的一种信息。因此，听众可以自行任意理解信息。

于是，接收者很可能在简报的初期阶段便自行推导出与传递者意图相反的结论。结果，在传递者最后提示出结论之前，接收者已经做出自己的结论了。而且，他们的结论通常与传递者所说的大相径庭。

慢慢导入结论害你无暇捍卫自己的观点

尽管自下而上法有缺点，自上而下法有优点，但是大多数人都喜欢用自下而上法来做简报。为什么他们喜欢用自下而上法呢？我设想出几个理由：

第一，可能是后辈看到前辈都这么做，觉得这样不错，于是就学起来了。因此，自下而上法就这样传承下去（虽然是负面的技术传承）。

第二，发言人通常有这种心态："我怕如果我先讲结论，而我的结论与接收者所想的不同，他们可能会直接反驳。"没错，听到听众嘀咕"真的吗？不是这样吧！"真的很讨厌；甚至可能还没开始说明内容就被找碴，确实很令人难受。大概是因为这种不安的感觉，大多数的发言人才会想用自下而上法："先从根据开始说明，然后再慢慢引导对方到达结论。"

但是，如同前面所述，事情总是事与愿违，自下而上法反而加重了接收者的负担，并容易将他们的思考能力化友为敌。

换个角度想，即使接收者一开始就对结论怀有疑问，自上而下法的说明方式还是可以让你有机会趁对方立场尚未坚定时说服他。也就是说，你有机会可以改变对方的想法。

相反，自下而上法是以细节信息为基础。你希望对方听完你的解释后再巩固你的结论，所以他要到最后才知道你的想法。但是，假如他到最后才下判断："你说的结论不对！"你就没有挽救的机会。如果是一场简报会议，情况很糟糕的话，搞不好大家会从原本的质疑和提问逐渐扩大成辩论，导致原本赞成结论的听众会被拉拢到反对派那边去了。

由于自上而下法比较容易避免这种情况，因此面对不同想法的接收者，这种方法具有规避风险的效果。

不想让人惊吓过度就自下而上说明

当然，我并不是说自上而下法在任何情况下都是万能的。每件事都有例外，在某些特殊情况下，例如你的主要信息会让对方大吃一惊时，就适合用自下而上法来说明。

举例来说，如果你要传达的信息是"对方得了很严重的病"，那么你就要依据情况，将结论往后挪，最好从外围开始说明症状。如果你直接说出结论说不定对方受到惊吓后，寿命变得更短。不过这样的例子并不多，因此传达普通信息时最好还是使用自上而下法。

7.2 问题有三大类，怎样的提案让客户愿意掏钱？

高价商品或服务怎么销售？想想"预防隐患"

当你的提案与营销活动息息相关时，你会发现随着提供的商品或服务的价格不同，解决策略也会因为问题类型不同而有所改变，特别是当你提供高价商品或服务时更是如此。例如，大型计算机、工具机、生产线等高额生产资料，以及大规模信息系统、经营顾问等高额服务。

在提出高额商品或服务提案时，应该提供哪一种类型问题的解决策略给对方呢？我们该如何定位这些高额商品或服务？

我先说结论：一般而言，从成本效益和迫切性来看，相较于恢复原状型或是追求理想型，把问题类型定位成预防隐患型，效果会比较好。

没有顾客愿意花大钱只为"恢复原状"

通常，购买商品或服务时，买方做决定的关键在于买了之后成本与效益能否平衡。特别是高价，也就是高成本的商品、服务，如果没有产生相应的效益，买方可就伤脑筋了。因此，这些高价的商品或是服务一定要能解决买方的急需才行。

当我们想要修复不良状态，也就是说，在处理恢复原状型问题时，确实有些时候问题很庞大，但是在大多数场合里，不良状态都只限定在局部而已。因此，**如果将高价商品与服务投资在恢复原状型问题的解决策略上，经常会出现不合成本的状况**。例如，大楼空调系统如果坏掉，只要更换特定部位的零件即可，不用特别对整体系统做全面翻修。

你想帮他"追求理想",结果他把你延后处理

那么,如果将高价商品或服务定位成"追求理想型问题"的解决策略又如何?"使用这项商品或服务,可以实现你的理想!"确实,传达这样的信息给对方,从实现理想的角度来看是加分的。原因在于,即使商品或是服务价格昂贵,但这些东西往后可能产生更大的效益。也就是说,从成本效益的观点来看,对方很容易对你的商品或是服务做出正面的评价。

可是,这样的定位有一个很大的障碍,那就是缺乏迫切性。即使日后真的符合成本效益,但是此时此刻,对方还是会质疑:"真的会产生这些效益吗?有的话当然很好。可是比起这个问题,本公司还有更多需要优先处理的问题啊。"然后,这个提案可能就被一脚踢开。

换句话说,**追求理想型问题的解决策略**,最有可能的结果是遭到延后处理。

效益大、情况急,潜在问题值得花大钱

把高价商品或服务的营业活动定位成"预防潜在问题的预防策略"是最具效果的。原因在于,就解决策略来说,对方可以从成本效益和迫切性两方面来正当化自己购买高价商品或服

务的理由。

预防隐患型问题的情况是，如果将问题放置不管，问题会随着时间持续恶化。**而预防隐患型问题的不良状态，可说是不会在当下浮现的"假设"，因此问题容易被放大。**

就"问题容易被放大"这一点来说，并非要你故意让对方得被害妄想症或是欺骗他，而是要你说服对方，如果将这些问题放置不管，有可能会衍生出更大的问题。当预防隐患型问题的不良状态被放大，意味着作为预防策略的高价商品或服务的成本效益，更具有正当性。再从迫切性的观点来看，将问题放置不管，会使问题变得更加严重。如果能用这个方法来诱导对方，就更能提高说服力了。

教我赚一百万，不如教我怎么不赔一百万

将高价商品或服务定位成预防隐患型问题的策略，其原因在于比起获得利益，一般人在心理上更希望能规避损失。例如，相较于得到一百万的喜悦，失去一百万所造成的心理冲击更大。

所以，相较于得到一百万的喜悦，一般人更希望能够规避失去一百万的风险，这是我们在日常生活中会体验到的心理现象。在学术上，2002年诺贝尔经济学奖得主、行为金融学（Behavioral Finance）学者丹尼尔·卡纳曼（Daniel Kahneman）等人所提倡的"展望理论"（Prospect Theory），就是在探讨这种心理。

因此，相较于希望获得利益的追求理想型问题解决策略，把高价商品或服务定位成**能规避同额损失的预防隐患型问题策略**，接收者在心理上更容易接受。

请大家回想我在第4章后面"发现问题和设定课题"部分所举出的例子：C先生是业务员，在某大型银行的投资部门负责法人顾客。刚开始，C先生面对某位客户，心想："应该要跟他谈论积极的内容。"于是，花了一些时间向客户介绍几家并购目标，说明透过企业并购可以提升营业额，促进公司更进一步成长。结果，对方虽然肯听C先生说明，态度却显得犹豫不决。

之后，C先生改变提案的定位，开始介绍可以避免成本扩大的并购案，结果客户非常感兴趣。换句话说，提升营业额的追求理想型问题解决方案无法奏效，于是C先生将高价的商品（服务），定位成回避损失的预防隐患型问题，终于引起对方的兴趣。这是从成本效益与迫切性双管齐下最终获得成效的例子。

预防问题之后追加追求理想，效果更好

在第4章中，我们学过每个问题类型之间都是有关联性的。因此，如果能在预防未来不良状态的策略上加上追求理想的要素，效果会更好。

所谓"预防未来的不良状态"，说穿了是维持现状。因此，我们可以在谈到预防不良状态时，更进一步提及追求理想。借此，我们可以彰显自己提供的策略不但能够替对方维持现状，还可以变得更好。如此一来，实现理想的部分就会变成附加优势，增加说服力。

同样，在恢复原状型的问题之中，我们不要只将目标设定为恢复原状，可以设定在更高层次，往追求理想的方向发展。像这样，**先以某个特定问题类型为立足点，同时思考结合其他好处，可以进一步提升说服力。**

公司高层只想"追求理想"，别跟他维持现状

当然，并非把所有的提案都定位成预防隐患问题的策略就不会有任何问题。在某些情况下，把提案定位为建议追求理想，好处会更多。尤其在对公司内部的经营团队做提案时，多半必须如此。

为什么呢？如果你将提案定位成恢复原状的根本措施，即使公司高层认同你的提案，他们顶多觉得"改善不良状态是理所当然的事"，并不会特别高兴。如果你提出预防隐患型问题的解决策略，他们也会觉得"理所当然"。其原因在于，经营团队大多期待："还有没有其他更具前瞻性的东西？"

可是，实际负责做事的职员的精力多半会集中于眼前的问题。在大多数的场合里，这些问题若不是属于恢复原状型，就是属于预防隐患型的问题。处理眼前迫切的问题是理所当然的，可是响应对方的期待也很重要。

如同前面所述，处理恢复原状型的问题时，不只是将事物复原而已，还要追求进一步的改善。在预防隐患型的问题中，不要在维持现状这一步停下来，还必须提出包含追求理想的提案。如果你的提案对象是公司高层，请记得加入追求理想的要素。**多数的经营团队想要的东西是成长策略，或是可以引起股东兴趣的"股权故事"**（Equity Story，即"成长"）。

别固执于你的认知，对方的认知才是重点

总而言之，当你的提案设定为"解决问题的策略"时，最好先站在对方的立场想，这样才能设计出与对方频率相同的文案。如同"SCQOR"故事展开顺序当中的C，我曾提过：你的

文案内容必须符合对方认知的问题类型（生认同、起共鸣），效果才会出来。

明明接收者对问题的认知是"事物已经呈现不良状态"，而你还一直跟他提"虽然目前没出现不良状态，但应该追求进步"，这样只会让对方觉得"你完全在状况外"。同样，如果你认为"不良状态已经明显浮现"，接收者却仍然相信"情况很好，没有任何不良状况，目前没问题"，那么，你的故事展开应该采取追求理想型才会有效果了。

为了增加说服力，你千万不要固执于自己对问题类型的认知。还有，你也没有必要改变对方对问题的认知，与其这么做，倒不如迎合对方的认知才是上策。

7.3 风险只能管理不能避免

解决方案必须提及风险

伴随着替代方案而出现的风险，如何传达让对方理解，也是你展开故事的重点工作。当我们提出某种行动的提案时，当然不可能不告诉对方收益在哪里。可是，连风险也要告诉对方吗？还是瞒着他？

你觉得采取什么样的基本态度才对呢？确实，有人会认为"俗话说，眼不见心不烦，还是不要告诉他比较好"，或是"被问到再说"。

就逻辑表现的基本态度来说，我鼓励大家把风险告诉对方。**因为现代人的共通属性之一就是多疑**。最聪明的做法是，假定一般的接收者疑心病都很重。只要假定对方多疑，那么"眼不见心不烦"这句话就不成立了。当你传达越多的收益，接收者越会猜想"这里头应该有很大的风险"。

另外，"被问到再说"这种想法其实也很危险，因为我们不能保证接收者一定会发问。或许对方会想："他都光讲一些好东西，背后一定有很大的内情，我看还是算了吧。"所以，就基本态度来说，不光是收益，连风险也一并传达给对方才是上策。

"万一……怎么办？"的疑问不可闪躲

传达信息的基本态度是不隐瞒风险，但应该选在什么样的时机，还有该怎么传达才好呢？传达的时机应该是越早越好呢还是等到最后再说出来比较好？

决定传达时机的重要因素，是接收者对风险的认识程度。

例如，接收者非常担心某个主题带来的特定风险，这时我们应该怎么做？如果遇到这种情形，当然是越早说越好。因为你越晚说出来，只会越增加接收者的担忧。当他心中总卡着这件事时，即使你后面的信息内容再好，对方的意识仍然集中在担心的事情上："万一……怎么办？"如此一来，就算你的内容很棒，到了接收者那里都大打折扣。

以房屋中介的业务员为例，假设消费者在购买房屋时特别担心房子的耐震性，那么业务员在强调房子其他优点之前应该先传达推荐方案的耐震性，效果会比最后说出来要好。相反，如果对方没有特别担心的部分，业务员就没有必要提早说出风险，而是先传达优点，后面再说风险，然后在结尾时再强调一次优点。

可以回避的就不叫风险了

除传达的时机之外，另一个提高说服力的要点是：如何传达风险。虽说在程度上有所差异，但是提案（即行动）必定伴随着风险。当我们要说明风险时，应该传达什么样的基本信息给对方？对于提案的人来说，应该如何当场传达风险？

有人认为："必须想出策略，让对方回避伴随着提案而来的风险。"可是，如果风险可以100%回避，那就不叫风险了。**正因为无法完全回避，才称作风险。**因此只要是风险，你就不

291

太可能传达出能完全回避的信息。风险的本质，就在于它的不确定性。

对方容许的风险范围才是重点，你做保证没用

　　从包含风险的亏损因素来看，有人主张"将风险与收益做比较时，就告诉对方收益远高于风险，或者风险相对小于收益即可"。这一点非常重要。假如我们把亏损当作成本，收益当成效益，一个提案不符合成本效益，那么不论推荐或实施它都不是一个聪明的举动。

　　因此，当你提出有关风险的信息时，一定要"衡量包括风险在内的成本效益"。但是再怎么说，这样的信息也只是将效益与风险之间的相对评价加以比较而已，对于风险的说明还不足够。

　　为什么光有效益与风险的相对评价还不足够？这是因为相对评价并非风险本身的评价。不论你再怎么说明风险已低于效益，都只是相对评价，如果对当事者来说这种风险太高，换句话说，已经超过容忍范围，那么你该怎么办？相较于效益，提案中的风险或许真的小很多，但是万一这种风险是对方不可承受之轻时，问题就产生了。

　　总而言之，想要诱使对方实行带有风险的提案时，**一定要**

传达"风险在当事者可容许的范围内"的信息才行,并且,还要确保对方能够充分理解。如此一来,他们才有可能同意我方的提案。

损失金额与发生概率决定是否承担风险

那么,传达什么样的信息才能让对方明白该风险在可容许范围内呢?一般来说,**表现风险承受程度的方法有两种:①风险发生后受到的损失程度;②发生概率**。如果损失过大,风险的承受程度就低;相反,损失越小,承受程度就越高。

不管是在金钱上、心理上还是在物理上的损失,每个当事者承受风险的能力都不相同,同一等级的冲击对不同的当事者来说损失也不同。一位训练有素的职业拳击手,即使随便挥出一拳,对一般人来说都可能造成严重的伤害。

除了损失的严重度,损失发生的概率也是影响承受程度的重要因素。如果损失发生的概率很高,风险承受程度就比较低;相反,损失发生的概率越低,容许的程度就越高。

将发生损失的严重程度和发生概率相乘,可以算出预期损失,以此比较各个替代方案的风险。

1. 如果损失发生后造成的伤害大,而且发生概率高,则风险高。

2. 相反，如果二者皆低，则风险低。

比较麻烦的是以下这两种卡在中间的情况：

3. 伤害小，但发生概率高。
4. 伤害大，但发生概率低。

假使是3的情况，比较容易做风险分析，因为可能造成的伤害很小，所以即使损失真的发生了，对当事者来说冲击也没那么大，就像买彩券一样，心理负担比较低。

承担风险时，只看金额、别管概率

比较麻烦的是4的情况：伤害大，但发生概率低。基本上，假如损失发生后造成的伤害很大，那么即使发生的概率低，我们最好还是判断该风险为无法容许的风险。

如果有10%概率的风险会损失1000万，不管它的效益与风险衡量比较结果如何，你必须仔细考虑对方是否有能力承受1000万的损失。1000万乘以10%，可以计算出预期损失是100万。或许对方认为他们能够承受100万的风险。

可是别忘了，真正发生损失时的金额是1000万，而不是100万。1000万乘以10%确实只有100万，但是这100万的预期损失金额完全是想象中的金额，实际受到损失可是1000万啊！这就像当气象报告说"今天的降雨概率是30%"时，可不是说你身体30%的部位会淋湿，而是一淋湿，就是全身100%都淋湿。

在比较各种行动的风险时，虽然计算预期损失的方法很好用，可是除非发生的概率小到可以忽略，否则**最终能否容许该风险还得依据实际受到损失的程度来下判断**。

什么时候可以不提风险

是否有例外的情况可以刻意不说明风险？答案是有的。假如对方十分了解提案的风险，只不过正在犹豫该不该答应时，你就可以这么做。这时候，可以刻意不要触碰到关于风险的说明，不断强调利好，就像从后面推他一把一样。

在这种情况下，最重要的是确定对方是否完全理解提案的内容，是否有能力足以承受提案的风险。如果没有这两项前提，而提案者又故意不提及风险，就是在欺骗对方了。

7.4 替代方案该给几个？提出顺序有学问

单一选择就是没得选

如果没有一个以上的条目可供选择，也就没有比较的对象，我们是很难对事物做出评价的。我们平常能对周围事物和现象做出评价，是因为它们都有比较的对象：有好消息，也有坏消息；有失败，也有成功；有快乐，也有痛苦。

所以，不管你再怎么强调某个问题解决方案的优点，接收者只会想："你说的优点我已经知道了。可是，我想和别的策略比较看看，难道没有其他的方案可以选择了吗？"假如对方没有选择的余地，一定会觉得自己被剥夺了自由选择的权利。

所以除非迫不得已，否则**最好避开没有别的方案、提案只有单一选择的情况**。一定要有比较的对象，否则一般人很难下决定。

给出替代方案，以三个为原则

如果单一选择的提案不好，那么应该准备几个才够？以三个为基本。其原因在于，如果提案超过三个，接收者容易陷入信息过多的情况，很难下决定。可是一般而言，人们常常以为选择的条目越多越好。

如果选择条目过多，接收者会犹豫不决，不知该用哪一项作为比较对象，反而延后了决定。即使没有延后决定，但是像消费品这些东西，如果选择条目太多，消费者在不知道哪个好、哪个不好的状况之下，为了免去研究比较之苦，通常会选择销路较好的商品，像家电或食品就是销路越好越卖得好。

因此，为了取得选择自由和理解度二者之间的平衡，提示替代方案时，基本上以三个为原则。

第一个方案，会产生锚定效应

假设解决策略有很多种，这时候你提出的顺序将深深影响接收者的决定。特别是第一个提出的方案最为重要。原因在于，最初的提案会先进入接收者的脑中，成为后面提案的评价标准。换句话说，他已经被灌输了某种程度的"行情概念"。接收者很容易用最初认识的提案，来比较后面出现的提案孰优孰劣、谁贵谁便宜。

以最初的条目作为比较标准的效应，在心理学上称为**锚定效应**（Anchoring Effect）。"锚"是停船的器具，换句话说，最初看到的提案就像一个锚，会限定我们的思考。如同前面所述，我们总是倾向于将事物与其他类似的东西互相比较；反过来说，如果没有比较的对象，我们就难以做出评价。最初的提案就是比较的出发点，越到后面，它越会慢慢地产生影响力。

例如，我们在餐厅点酒，服务生一开始先介绍一瓶5万块的酒，然后再介绍2万块的牌子，我们会觉得后者比较便宜。相反，如果他一开始先介绍8000块的酒，然后再介绍2万块的酒，我们便觉得后者贵。同样都是2万块的价格，但是却因为比较对象的参考价格，改变了我们对价格的印象。

不只是价格，用在事情的复杂度上也有同样的效果。如果先讲复杂的内容，再讲普通的内容，那么后者听起来相对简单；反过来说，如果先讲简单的内容，再讲复杂的内容，那么后者听起来相对困难。温度也是一样，将习惯了热水的手放进温水中觉得凉，但是如果手先放入冰水，再放入温水中，则会觉得热。

锚定效应就是一种对比效果。所以，你可以先思考，希望对方如何评价你的替代方案，然后再决定你提案的顺序。有些餐厅的菜单就是利用贵的菜作为诱饵，诱导客人选择第二贵的菜，请小心。

第一印象，通常也是永远的印象

锚定效应说明了第一印象的重要性。其实，不限于问题的解决策略，在所有事物或现象的评价上，例如公司、人物、都市、店铺等，第一印象的效果最重要。换句话说，在印象尚未形成之前，该如何定位自己的商品、服务，是营销上最重要的课题。

其原因在于，第一印象会长时间影响顾客对商品或服务的印象。刻进脑海中的最初印象，就像一个滤网，一旦滤网成形，我们只会读取到能够通过滤网的信息，很难读取到不合乎印象的事物。而且，**第一印象会随着时间，越来越强烈。**

在经济活动中，有个著名的案例，显示出第一印象的重要性，那就是麦当劳登陆日本市场的例子。麦当劳在1971年7月进军日本，第1号店开在银座三越百货的一楼，是面向热闹大街的外带型店铺，换句话说，麦当劳将地点选在代表着流行尖端的银座正中央，而且还是在一流百货公司的一楼。

这就是日本人初次认识到麦当劳汉堡的情况，店铺的地理位置无形中营造出汉堡为都市时尚食物的印象。按照美国总公司的指示，原本店铺应该设立在郊区。不过，当时获得麦当劳日本连锁加盟权的藤田商店社长藤田，改变了这项决定。

还有，现在已经是高级饰品代名词的黑珍珠，也因成功经营出第一印象而成为著名案例。号称珍珠王的萨尔瓦多·阿赛尔（Salvador Assael），在太平洋战争后将原本销路不好的大溪地产黑珍珠，移至纽约第五大道的高级珠宝店销售，成功制造出黑珍珠超越白珍珠的印象。虽然，现在黑珍珠经大量生产已不再高不可攀，不过当初因打造地位所产生的效应仍然持续到今天。

然而，据说黑钻石比白钻石的价值低，大概是因为黑钻石给人"黑炭"的印象比较强。所以，大家要牢记第一印象的重要性。

一般人喜欢中庸，请给他中间选项

虽然也有例外，但是一般人讨厌两极化的选项，倾向选择中庸。日式料理的套餐如果分为"松""竹""梅"这三种等级，一般人会倾向选择"竹"。因为一般人大概都是这种心理："最糟的情况是选到又贵又难吃的；不过，即使东西便宜，万一吃起来不好吃的话，也很扫兴；如果选择中间的，味道可能普普通通，但即便选错了，损失也不会比选贵的东西来得严重。"

既然如此，我们在准备替代方案时，最好设计出上、中、下三种选项，**而且把你最想推荐给对方的选项放在中间的位置**。另外，凑齐上、中、下三种选项，还能够让中间选项与锚定效应产生相乘效果。也就是说，除一般人本来就倾向于选择中间选项之外，中间选项还反映出"比上便宜、比下高级"的效果。

万一对方深信"贵的东西比较好",是属于豪华主义型[①]的人,那么预先准备的"上"就派上用场了。相反,如果对方的预算较为吃紧,本身又是节俭的人,那么"下"的选项便可以发挥功效。

7.5 规范信息如何提高说服力

和他的命题一致才可能说服他

最后,我们要学习可以提高信息说服力的技巧。我先说明如何在提案中使用规范信息,再解释记述信息和评价信息。

就算你的信息是根据属实、正确无误,但是光用规范信息"你应该……""贵公司必须……"来表达,也未必能够提高说服力。你必须诉诸对方自身已经明白、内化的行动原理,也就是他心中对于**规范命题**[②]的理解,如此一来,你的根据才能说服对方。换句话说,对方的行动原理原本就潜藏在规范信息背后(图7-2)。**根据与结论之间,必定存在连接二者的**

---

① 投注所有经费于某样自己有兴趣的事物,其他事物则相对简约。——译者
② 逻辑学用语,表示"语义""所表达的概念"的意思。——译者

"命题"。

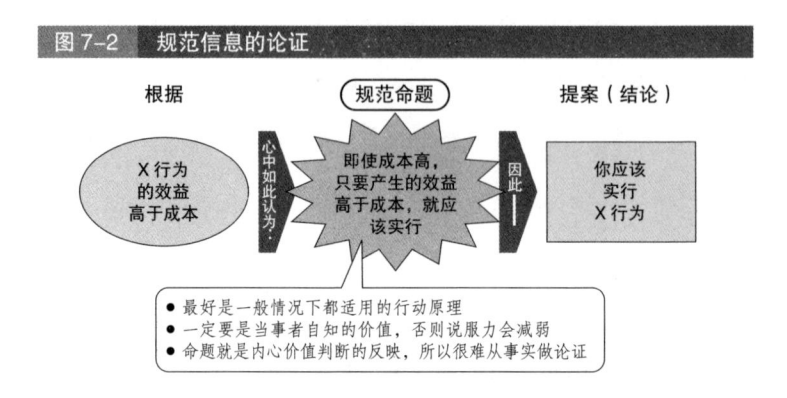

图 7-2 规范信息的论证

```
根据                规范命题              提案（结论）

X行为       心中    即使成本高，   因此   你应该
的效益      如此    只要产生的效益        实行
高于成本    认为：  高于成本，就应        X行为
                   该实行
```

- 最好是一般情况下都适用的行动原理
- 一定要是当事者自知的价值，否则说服力会减弱
- 命题就是内心价值判断的反映，所以很难从事实做论证

规范信息的命题是基于一般人的行动原理而成型的。当行动原理普遍化之后，便可称之为"规范命题"。

因此，提升规范信息说服力的秘诀在于先设想对方的规范命题是什么，然后再提出呼应这项命题的根据。下面我们就来学习论证规范信息时不可或缺的规范命题。

规范命题：人在无意识中的行动依据

我们在做出某些特定行动时，几乎没有例外，总是在无意识中根据下面的规范命题（人的行动原理）产生动机：

我们应该回避会带来损失的行为

应该做对自己有利的事

不应该恩将仇报

应该遵守约定

不应该违反规定

下属应该遵从主管的指示

应该尽责

除了手碰到烫的东西会缩手这类反射行为，人在下意识行动之际，必定也是遵循着某些规范命题。

曾有一位研习学员回应我说："我完全没有规范命题或行动原理可言，因为我纯粹追随周围的人行动。"我答道："其实，你的行动背后潜藏一个清楚的规范命题，那就是'我应该和周围的人一样行动'的行动原理。"对方接受了我的回答。因此，我们可以假定，**在所有的行动背后，必定存在行动原理，也就是规范命题。**

善用规范命题，不下命令也能改变行为

规范命题就是一个人的行动原理，是连接根据（一种描述）和结论"应该……"（规范信息）的桥梁。

例如，母亲对读小学的孩子说："今天很冷，穿太少会感

冒（根据），记得穿毛衣出门（结论）。"这句话包含了以下的规范命题：

  应该避开会损失健康的行为
  应该实行能维持健康的行为
  父母亲应该担心小孩子的健康

  例如，蔬菜店的老板对着买菜的家庭主妇说："今天白萝卜和小黄瓜特价，不买你就吃亏了（根据），买些回去吧（结论）。"这句话包含了以下的规范命题：

  应该选择有利的行为
  应该回避有害的行为

  例如，主管对下属说："报告书的期限快到了（根据），千万不要迟交（结论）。"这句话包含了以下的规范命题：

  应该遵守约定或规则
  不应该违背约定或规则

  因此，记述和评价这两种描述性信息是"根据"；规范信息则是"结论",即应该如何。而规范命题就是指连接这二者的行动原理。当我们论证规范信息之际,必定存在这个规范命题。由于规范命题是连接规范信息(应该……)的桥梁,所以就信息的种类来说,规范命题本身也属于"应该……"的规范信息。

对方无意识,你得意识化

平常,我们不会意识到连接根据与结论的"命题"。**命题的存在几乎都是以无意识的默契为前提。**假如可以将平常没有意识到的命题予以意识化,也就是将命题予以明文化,我们就可以借此确认自己展开理论的根据。换句话说,你可以知道自己是根据何种价值观、诉诸何种规范命题,来促使对方行动。此外,你还能够思考这样行动是否适用于对方。

例如,你对A说:"B是你的学弟(根据),请多帮助B(结论)。"这项规范命题的逻辑根据是"学长应该帮助学弟"。

取决于这项规范命题的关键是能否引起A强烈的共鸣。即使从事实层面来说,你的根据再正确不过,但是如果你的规范命题无法使对方产生共鸣,就很难使他产生动机。

强调实利命题，人人都吃这一套

规范命题包含了"实利性"规范命题与"伦理性"规范命题，它们分别简称为**实利命题**和**伦理命题**。在规范信息的论证中，必定包含其中之一。所谓"实利命题"就是：

> 应该采取对自己有利的行为
> 应该回避对自己不利的行为

通过凸显这些实利命题，**建议对方采取对他有利的行为，这种方法就是实利性说服法**。如果你希望促使对方行动，最好一开始就提出适用于所有人的逻辑展开方法。实利命题多为不言自明的道理，只要意识到它即可，几乎不必明文表示。运用实利性说服法时，必须让对方感到你建议的行动对他有利，否则无效。这时候，根据的真实度非常重要。

例如，天快下雨时，你建议对方带伞出门："被雨淋湿会感冒，记得带伞。"这句话的规范命题为：

> 应该回避损失自己健康的行为
> 应该采取维护自己健康的行为

这些命题都是推荐对方采取维护健康的利己行为，所以是实利命题。以说服的方法来说，属于实利性说服法。

"淋到酸雨身体会融化"，或是"雨水里面有辐射，可能会得白血病"等劝说方式，跟"会感冒"一样，都是诉诸健康方面的实利命题。不过，这样的内容会让人有被威胁的感觉。

同样是促使对方带伞出门，如果提示的根据为"淋湿的话，一套好好的西装就弄脏了，还得花一笔清洁费"，那么这句话的规范命题就变成了"应该避免无谓的花费"，属于经济性的实利命题。另外，"淋湿了，手机会坏掉""淋湿了，数码相机可能会坏掉"等，也是诉诸经济层面的实利命题。

强调伦理命题，但是别讨人情

除了实利命题，还有伦理性的规范命题。诉诸伦理命题，也是强化说服力的有效手法之一。**诉诸伦理命题，无非就是促使对方遵守道德、规律、连贯性等行动规范。**多数的伦理命题跟实利命题不同，并非不言自明的道理，所以我们要通过明文表示，促使对方准确意识到这些道理，效果才得以彰显。

例如，刚才建议对方带伞出门的例子，告诉他"淋湿了，会给人添麻烦"时，连接这个建议的根据和结论，是"应该避免做出带给别人麻烦的行为"的规范命题。

这则规范命题促使人们必须遵守道德，所以称为"伦理命题"。身体淋湿后，乘坐拥挤的电车或公车，确实会带给别人困扰，而且，如果就这样直接进入办公室或走进商店里面，也会让周围的人感到不舒服。

假设有一位朋友平常非常照顾Ａ。当那位朋友有求于Ａ时，如果我们建议Ａ："你应该答应他，拒绝人家太失礼。"那么，这句话的规范命题为"不应该恩将仇报"的伦理命题。

与实利命题不同，**有时候对方并不明白自己的伦理命题**。这时候，我们必须将伦理命题明文表示出来，也就是说，你必须传达到对方能意识到这些命题的程度，才会产生效果。例如，"拜托你事情的人平常很照顾你不是吗？你应该要答应他，拒绝人家太失礼了"，像这样追根究底地确认规范命题，效果特别好，因为逻辑的依据非常清楚。

可是，在这种情况下，要注意自己是否有强迫别人遵循道德之嫌。人们很容易对强加在自己身上的道德规范产生反感。像前面的例子，是由第三者提出建议，或许对方还可以接受，假如他是被当事人直接告诫这些话（我平常这么照顾你……），心里感觉应该很不好。

伦理和实利，软硬兼施

假使换个方式跟Ａ说："你以后还需要他的照顾，答应他的请求对你有利。"这句话的规范命题，就变成了"人应该做对自己有利的行为"的实利命题。

我们在诉诸实利命题的同时，加入伦理命题，效果会更好。一般来说，伦理和实利并不互相排斥，双管齐下的可能性很高。

例如，有人销售油电混合动力车，这种车子结合了电动马达和汽油引擎作为动力来源。他向顾客推荐："这辆车不但对环境好，还能够大幅降低燃料费。"这一句话，就同时诉诸伦理和实利两方面的规范命题：

应该采取重视自然环境的行动
应该选择在经济上能够获利的行为

如此一来，说服力顿时提升好几级。虽说如此，当人被迫选择实利和伦理其中之一时，实利命题的影响力还是比较大。原因在于，这个社会似乎有越来越倾向实利的趋势。

事实上，油电混合动力车的行情之所以能够一举跃升，也是因为在油价高涨的时代，消费者重视油钱和使用效率，同时油电混合动力车和一般汽车的价格差距缩小了。过去，油电混合动力车在经济因素上还差燃油汽车一大截时，如果销售员只诉诸"注重环保"的伦理命题，在销售上就会出现瓶颈。

老板的实利就是员工的伦理

如同前面所述,当我们发出规范性信息,希望能促使对方采取行动时,几乎毫无例外,都会一并夹带实利性或伦理性的规范命题。在商业场合中,我们催促行动的对象几乎都是公司、政府机关、学校里面的"组织者"。

有趣的是,**对组织者来说,实利命题和伦理命题大多重合在一起**。换句话说,组织者追求组织的实利本身,就是伦理命题(图7-3)。

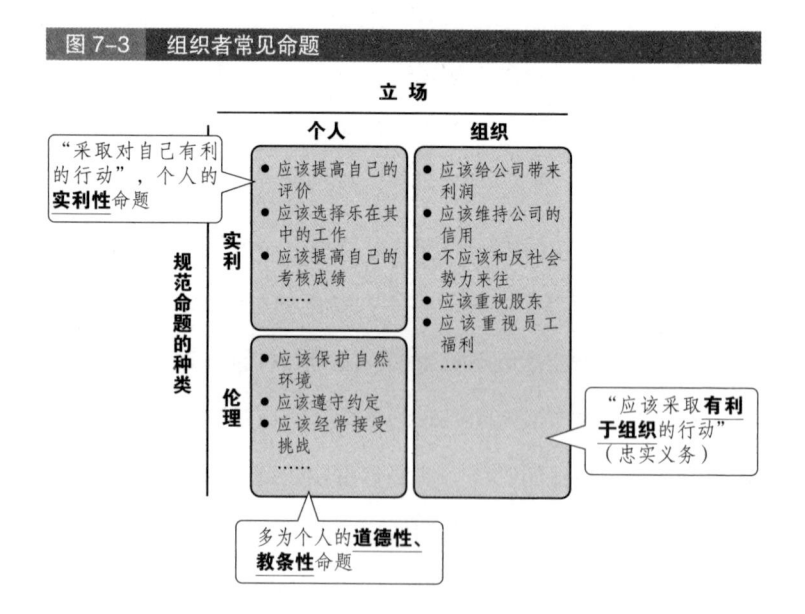

图 7-3　组织者常见命题

规范命题的种类	立场	
	个人	组织
实利	• 应该提高自己的评价 • 应该选择乐在其中的工作 • 应该提高自己的考核成绩 ……	• 应该给公司带来利润 • 应该维持公司的信用 • 不应该和反社会势力来往 • 应该重视股东 • 应该重视员工福利 ……
伦理	• 应该保护自然环境 • 应该遵守约定 • 应该经常接受挑战 ……	

"采取对自己有利的行动",个人的**实利性**命题

多为个人的**道德性**、**教条性**命题

"应该采取**有利于组织**的行动"(忠实义务)

假设业务往来公司的承办人建议组织者 A："这个投资案可以带给贵公司莫大的经济效益。"这句话的规范命题为实利命题"应该实行对自己公司有利的行为"。但是，对组织者 A 来说，这则命题为伦理命题，换句话说，"应该实行对自己公司有利的行为"是他的信条。虽然，当 A 采取对公司有利的行动后，就 A 个人来说，或许可以带来加薪等经济上的好处，不过那只是间接性的效果。

一般而言，组织者会遇到的伦理命题还有以下几种：

应该维持公司的信用

应该重视股东

应该重视员工福利

组织成员无意识中遵守的行动规范

在销售商品或服务等商业场合里，几乎所有的情况下，卖方都会以"这个商品（服务）将带给对方组织什么利益"的结论作为根据，暗示对方应该购买。也就是说，当你推销东西给对方时，除了诉诸该组织的实利命题之外，也要诉诸该组织者自己的伦理命题。

其实，组织者也是人。难道没有可以凸显个人的规范命题吗？答案是有的。**婉转地凸显出该组织者自己的实利命题和伦理命题**，也是能够有效增加说服力的技巧。组织者也是人，当然有他自己的实利命题。例如：

> 应该提高自己的评价
> 应该选择乐在其中的工作
> 应该提高自己的考核成绩

同时，组织者应该也有他自己的伦理命题。例如：

> 应该保护自然环境
> 应该遵守约定
> 应该经常接受挑战

如果想掌握对方个人的规范命题，多半会从平时和对方接触的机会开始着手。此外，诉诸组织者的伦理命题，并凸显他个人的规范命题，你的说服力就会大幅提升。诚如前述，几乎所有的情况都不需要明文表示实利命题。

另一方面，在有些情况下，明文表示出伦理命题的效果还不错，不过这时候必须多考虑一层，那就是注意语气不可以显露出你想强加价值观在他身上。

7.6 描述信息一样有说服力

说因果、举实证，描述现象变成规范行为

前面我说明了如何利用规范信息来提升说服力，并从这个观点来解释行动原理，也就是实利、伦理的规范命题。从"命题"的定义，也就是以连接根据和结论的内心想法为前提来看，不只是规范信息，**在论证记述或评价这两种描述信息时，命题仍然存在（你还是要注意对方是否跟你同一频率）**。

只是，这时候的命题不是以行动原理为内容的规范命题。不过，就提升说服力而言，重点一样是要做好命题的分析。

在第3章，我们学到了在记述信息中有因果和实证两种论证方法，当时我还没有使用"命题"这样的说法。其实所谓的"论证"，就是以某个命题来连接根据和结论。

事实上，**当我们论证记述信息时，会夹带因果命题或是实证（经验/统计）命题**。例如：

社长的谈话很无聊（根据）

因此，谈话中

开始有人打瞌睡（结论）

依据这样的逻辑，这两句话中夹带了一则命题："无聊的谈话招来瞌睡虫。"这则命题显示出因果关系，原因为无聊的谈话，结果为开始有人打瞌睡，这是因果命题，也就是第3章中所说的因果论证。

同样的逻辑，假如我设定命题为："听无聊谈话的人当中，有很多人打瞌睡。"

这个命题从经验法则或统计上的观点做推论，称之为"实证命题"。也就是说，说明理由的是因果命题，而看到世间一般情况皆如此则为实证命题。在第3章中，我们学过实证论证。例如：

今后，日元可能会贬值（根据）

因此，

出口商的股价上涨（结论）

依照这个逻辑，当你想象"日元贬值时，出口商的股价会上涨"这项因果命题时，也可以假想下面这则实证命题："根据多次观察，日元贬值时，大多数出口商的股价都会上涨。"

再举一个例子：

波奇是柴犬（根据）

因此，

波奇有心脏（结论）

依照这个逻辑，这两句话中设想了一个基于经验法则和统计上的实证命题："所有的狗都有心脏。"但是从这个逻辑，我们很难设想出因果关系的命题。例如："因为是狗，所以有心脏。"这样的因果命题没有说服力。就算反过来说："因为有心脏，所以是狗。"这样的命题也不对。

所以，视情况而定，有时候实证命题的说服力反而能引导出更具逻辑性的展开，未必要用因果命题。

评价命题：大家都认定的标准

当我们论证评价信息之际，里面必定含有反映出某种价值观的评价命题。因此，我们可以借由检验评价命题来提高说服力。评价命题的内容，就是我们在第1章和第3章中学过的评价条目和评价标准。

例如，当你论证"这颗钻石质量很好"这则评价信息时，可依据下面的流程：

这颗钻石足三克拉（根据）

采用目前最流行的明亮切工（根据）

净度高（根据）

色泽很棒（根据）

钻石的评价由大小（克拉）、切工、净度、色泽来决定（评价命题）

因此，这颗钻石的质量很好（结论）

这里的逻辑展开方式，是以大小、切工、净度、色泽这四项钻石评价条目中最受重视的价值观为基础，再主张自己的东西是否满足这些评价条目。可是，在这个例子里，即使对方接受每个条目的评价标准，他可能还会产生一个疑问："评价钻石，真的只用这四个标准就够了吗？"所以，接下来你要强化评价条目的正当性。

总而言之，对方能否接受评价条目以及该条目的评价结果，就是能否提高说服力的关键。

用错评价命题，说破了嘴也不动心

无论是用来论证规范信息的规范命题，还是用来论证描述信息的因果与实证命题，我们在使用时一定要清楚意识到这些命题，因为**命题表示逻辑的根据**。如果把逻辑展开比喻为"杠杆"，那么命题便发挥了"支点"的作用，而施力点就是根据，作用点则是结论（图7-4）。

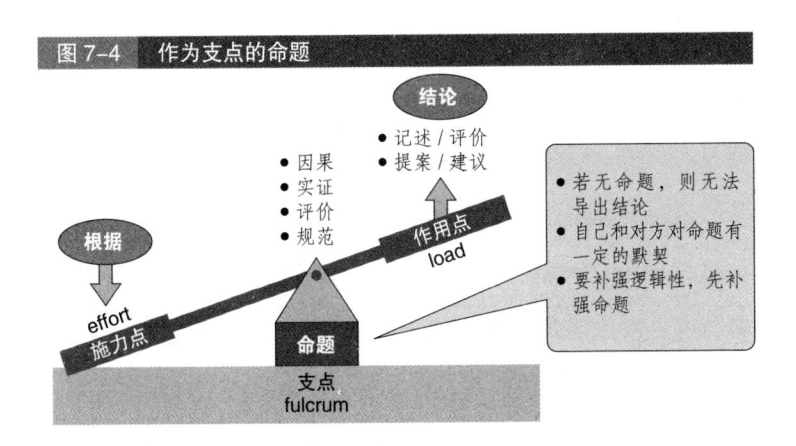

图 7-4　作为支点的命题

- 结论
  - 记述 / 评价
  - 提案 / 建议
- 根据
  - 因果
  - 实证
  - 评价
  - 规范
- 作用点 load
- 施力点 effort
- 支点 fulcrum
- 命题

- 若无命题，则无法导出结论
- 自己和对方对命题有一定的默契
- 要补强逻辑性，先补强命题

一般人倾向于用增加根据的数量来提高逻辑上的说服力。这时候，最重要的是先将这些根据的命题予以明文化。其原因在于，无论你再怎么强化根据，**只要你所设定的命题对方不感兴趣，说服力只会越来越低**。

这个现象不管用在因果命题、实证命题、评价命题还是规范命题都一样。例如，假设我们在推销汽车，可能会用到这样的逻辑：

　　这辆车很省油钱（根据）

因此，

这辆车很好（结论）

然后，为了增加说服力，我们开始强化根据。其中一个方法是详细说明这辆车在节省燃料费上的优点，像"这辆车每公升汽油可以跑25公里，相当省油"等。以金字塔结构来说，就是提供低一层级的信息。

另外，还可以追加描述："这辆车很少出现故障，可以减少维修费用。"以金字塔结构来说，就是增加同层级的信息。当然，也可以加入其他信息，像"数据显示，这辆车与其他同级车相比，便宜三成"等。

而其他同层级的根据，还有"这辆车价格低廉""二手车价高""搭配低利贷款项目"等。

用并列式的手法增加根据，并添加具体说明，确实可以提高说服力。不过，这样的逻辑展开都是设定在某个特定命题之下。以这个例子来说，命题是："车子好不好，由经济性决定。"

事实上，确实很多车主重视车子的经济性。换句话说，你提出的这一连串提高说服力的强化根据是否能发挥效用，取决于对方能否接受背后的评价条目："车子好不好，由经济性决定。"

因此，只有当对方和你共同拥有某种命题，你的强化根据才有意义。如果对方重视经济性以外的因素（外形漂亮更重要），那么你就无法光靠强化经济性因素，来大幅提高说服力了。

用对评价命题，一句话就让人心动

假设对方除了经济性因素之外还重视以下的评价命题：

富有设计感的车子为好车子
性能好的车子为好车子
安全性高的车子为好车子

这时候，无论你再怎么强化经济性因素的逻辑，累积相关根据，几乎都没有太大的意义了。因此，即便你的根据内容正确，数量充足，也不能保证可以提高说服力。

总而言之，提升说服力的关键在于，**必须详加辨识对方的逻辑支点是根据何种命题来设定的，并思考自己的命题是否适用于对方。**

用因果与实证来推论时，想象不宜太跳跃

某位经济分析师预测：

从长期来看，今后液化天然气的需求将会增加。（根据）

因此，

预期液化天然气的运输工具——液化天然气船（LNG Tanker）的需求也会增加。（结论）

乍看之下这个推论很有逻辑，让人信服。如果要提升说服力，有一个方法是详加说明为什么液化天然气的需求会增加，也就是补强根据。一般而言，人们容易聚焦在这一点上。

但是，如前所述，问题的关键在于"命题"，我们马上来确认命题的逻辑。假设这个例子是基于"产品需求增加，带动运输工具的需求"这个因果命题，那么它的实证命题就是"当产品需求增加时，运输工具的需求也会增加"的经验法则。

可是，为什么产品的需求增加，一定会使运输工具的需求增加呢？难道没有"即使产品的需求增加，运输工具的需求也

不会增加"的情况吗？答案是有的。例如：

> 生产地和消费地相同，所以不需要长距离的运输工具。
> 除了用液化天然气船运送以外，还有其他的运输工具。
> 即使产品需求增加，但无法生产，所以不会有运输的问题。

当我们考虑到这一点，"产品需求增加，使得运输工具的需求跟着增加"的命题便让人感到太过跳跃。这个命题背后，隐藏了几点未明文表示的前提和默契。比如：

> 产品的生产地和消费地距离很远，一定要有运输工具
> 用液化天然气船运送是唯一长距离的运输方法
> 液态天然气产品的生产顺利，毫无停滞的状况

假如接收者与你共同拥有这些前提，那就没有任何问题。但如果没有的话，那么不管你再怎么强化"今后液态天然气的需求会增加"这个重点，也无法提升你的说服力。这时候，**除强化根据之外，还必须补强命题本身**。具体而言，

也就是要将命题背后的默契和前提予以明文化,然后再加以论证。

辨识命题还有一个好处,那就是可以找出自己逻辑上的弱点,只要知道弱点在哪里,就可以想出强化策略。

出版后记

没有想法却要我写报告、发表观点？之前明明列出了详尽的数据，主管却说我没重点？点子很多，可是该怎么一气呵成落实为文案？我的报告怎样才能重点突出、说服力十足？相信每个职场人士在提笔写报告、设计PPT简报时都会为这几个问题大伤脑筋，而本书就是一本教会我们"用逻辑来写作"的工具书——提升写作技巧，用有逻辑的故事表达想法，说服他人。

本书作者高杉尚孝曾在麦肯锡咨询公司任管理顾问，后来自行创业，活跃于逻辑思考、商务写作等领域，从事企业研习、培训工作，十几年来协助数十家日本知名企业培养出数以千计兼具思考与写作能力的一流人才。作者根据多年经验，将麦肯锡公司著名的金字塔结构、MECE原则，结合其独创的"高杉法"与SCQOR故事展开法，教会读者如何一眼就看出问题的核心，5分钟即建立起层次鲜明的文案架构，顺理成章地铺陈出一个引人注目、说服力十足的"商务用"故事。

中国人常说"授人以鱼，不如授人以渔"，本书作者传授的诸多写作技巧,从最初的信息筛选、遣词造句,到整体结构的设计、详细内容的展开,可以帮助读者成功塑造一份流畅周密的精彩文案;而在写作过程中,书中介绍的"逻辑表现力"可以让读者在"写出来"的同时也"想明白",提升分析、解决问题的能力和说服力。然而,本书并未止步于此,更进一步"授人以欲",提醒读者在看报纸、喝咖啡的闲暇时间也要活动大脑,自觉养成逻辑思考的习惯,让逻辑融入日常生活中,成为"下意识"反应,这也是本书的独特之处。

本书兼顾基础性和实践性,兼具理论性和实用性,并结合诸多实际案例来讲解逻辑思考与写作的方法和技巧。本书在前四章中,每一章最后都附有练习题目,帮助读者学以致用,及时运用逻辑表现力来解决文案写作中的常见问题。相信各位职场人士在阅读本书之后,可以养成逻辑思考的习惯,轻松写出好文案。

服务热线:133-6631-2326　188-1142-1266

服务信箱:reader@hinabook.com

后浪出版公司

2013年5月

图书在版编目（CIP）数据

麦肯锡教我的写作武器 /（日）高杉尚孝著 ; 郑舜珑译 . —广州 : 广东旅游出版社, 2022.11
ISBN 978-7-5570-2856-5

Ⅰ . ①麦… Ⅱ . ①高… ②郑… Ⅲ . ①商务—应用文—写作 Ⅳ . ① F7

中国版本图书馆 CIP 数据核字 (2022) 第 155958 号

《Ronri Hyougenryoku—Logical-Thinking & Writing》
by Hisataka Takasugi
Copyright © 2010 by Hisataka Takasugi
Simplified Chinese translation copyright © 2019 by POST WAVE PUBLISHING CONSULTING (Beijing) Ltd.All rights reserved.

Original Japanese language edition published by Nikkei Publishing Inc., (renamed Nikkei Business Publications, Inc. from April 1, 2020)
Simplified Chinese translation rights arranged with Nikkei Business Publications, Inc., through Hanhe International (HK) Co.,Ltd

本书简体中文版权归属于银杏树下（北京）图书有限责任公司。
图字: 19-2022-134 号

出版人: 刘志松	选题策划: 后浪出版公司
著　者:[日]高杉尚孝	译　者: 郑舜珑
出版统筹: 吴兴元	责任编辑: 方银萍
编辑统筹: 王　頔	特约编辑: 李雪梅
责任校对: 李瑞苑	责任技编: 冼志良
装帧设计: 墨白空间	营销推广: ONEBOOK

麦肯锡教我的写作武器
MAIKENXI JIAOWODE XIEZUOWUQI

广东旅游出版社出版发行
（广州市荔湾区沙面北街 71 号）
邮编: 510130
印刷: 北京盛通印刷股份有限公司　　开本: 889 毫米 ×1194 毫米　1/32
字数: 192 千字　　印张: 11
版次: 2022 年 11 月第 1 版　　定价: 49.80 元
印次: 2022 年 11 月第 1 次印刷

后浪出版咨询(北京)有限责任公司　版权所有, 侵权必究
投诉信箱: copyright@hinabook.com　fawu@hinabook.com
未经许可, 不得以任何方式复制或者抄袭本书部分或全部内容
本书若有印、装质量问题, 请与本公司联系调换, 电话 010-64072833

《麦肯锡入职培训第一课》

著　　者：(日) 大岛祥誉
译　　者：颜彩彩
书　　号：978-7-5711-0343-9
出版时间：2019.12
定　　价：36.00元

内容简介

世界顶级咨询公司麦肯锡的超一流工作术，让职场新人一生受用的逻辑思考力。

全球最著名的咨询管理公司麦肯锡是如何培训新人的？为什么麦肯锡新人能在短短几年内"脱胎换骨"，从菜鸟变成无往不胜的职场精英？是什么让"麦肯锡毕业生"走到哪里都抢手，在各行各业创造非凡的成就？

在本书中，麦肯锡资深管理咨询师大岛祥誉将为你揭秘"麦肯锡新人培训计划"中最精华的部分——逻辑思考。这种包含"批判性思考+逻辑性展开"的独特思考方式，是由一代又一代麦肯锡精英在工作中的不懈努力凝聚而成。它不仅能让你在刚进入职场时摆脱"处处碰壁"的尴尬处境，更能为你未来的工作和生活提供跨越重重难关的力量。

跟随作者的指引，从未进入麦肯锡的你也可以学到麦肯锡的超一流工作术，为自己的职业生涯打下坚实有力的根基。

《麦肯锡教我的思考武器》

著　　者：（日）安宅和人
译　　者：郭菀琪
书　　号：978-7-5711-0548-8
出版时间：2020.2
定　　价：38.00元

内容简介

一套真正解决问题的思维模式，教你交出更有价值的工作成果！

大多数人在面对工作和问题时，总是还没想清楚"真正的问题究竟是什么"，就急忙动手去处理、去解决。然而，像这样一味求"快"、忙得团团转的结果，往往是白费力气，最后步入事倍功半的"败者之路"。

这本书告诉你，发生问题时，要先查明议题！先判断："这个问题重要吗？"比急着动手更重要！

本书作者根据自己从事战略顾问的工作时积累的丰富经验以及脑神经学的专业背景，设计出一套极具逻辑性的问题解决思维模式——从发现议题、确立议题开始动手，搜集个性化信息，组建故事线，划定答案界限，整合有用材料，最后交出完美成果。

还在欺骗自己"没有功劳也有苦劳"吗？NO！交出有价值的成果才是好工作！

《麦肯锡教我的谈判武器》

著　　者：（日）高杉尚孝
译　　者：程亮
书　　号：978-7-5711-0382-8
出版时间：2019.12
定　　价：38.00元

内容简介

对手在核心议题上毫不让步，同事听不懂你的创意，要求加薪时上司问你凭什么，租房时中介对你漫天要价……你该怎么办？怎样把你的主张变成双方的共识？怎样提高谈判力、说服力？

在本书中，作者既分享了卓越的逻辑方法，又以多年经验详解了众多谈判技巧。逻辑方面，你可以学到享誉世界的麦肯锡"逻辑金字塔"，以及MECE、SCQA等分析法，使你在提炼观点、说理论证时既清晰又严密。技巧方面，作者分享了大量的经验，如BATNA、问答与让步技巧、需求分析等，还用详细的案例教你识破对手惯用的花招，使你在谈判时进退自如。

跟着这本书，用麦肯锡的谈判武器，你也能成为谈判、说服的高手。